AF596927

LE BALCON DE GUIGNOL

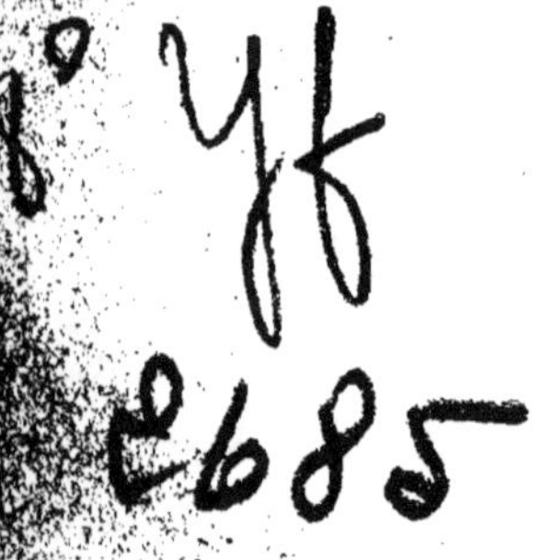

Il a été tiré de cet ouvrage :

100 exemplaires numérotés de I à C sur papier Hollande de Rives.

300 exemplaires numérotés de 1 à 300 sur papier Alfax des Papeteries Navarre.

ÉMILE PELLISSIER
Lauréat de la Société des Amis de Guignol

LE BALCON DE GUIGNOL

PRÉFACE DE RENÉ BENJAMIN

LYON
ÉDITIONS DE « LA RÉPUBLIQUE LYONNAISE »
26, PLACE BELLECOUR
—
1930

PRÉFACE

En acceptant d'écrire trois mots en tête de ce livre débordant de verve et de vie, je songeais, raisonnant mon plaisir :

— Eh! eh!... Déjà l'âge des préfaces! Pauvre gone de Benjamin! comme disent Guignol et son Gnafron, sortant d'une conférence. Ce sera bientôt le temps de prononcer des discours aux distributions de prix!

Puis, j'essayais de me consoler :

— Ce n'est peut-être pas seulement à cause de mon âge... Ne voulait-on pas qu'à propos d'une œuvre vraiment lyonnaise un parisien, vraiment de Paris, marquât sa joie?

De Paris! j'en suis assez, puisque mon père, ma mère, mes grands-pères, mes grand'mères en étaient tous. Attention! On vient de gratter la dalle d'une tombe, sous laquelle ceux qui préparaient mon éphémère destin sont devenus d'insaisissables fantômes, et la pierre nettoyée vient de révéler ces mots :

« *Louis BENJAMIN, né en 1778, à LYON* ».

A Lyon! Je suis un parisien de Paris, qui vient de Lyon!

Ce grand grand-père, venu au monde il y a cent cinquante ans dans le vent du Rhône... ou dans l'air de la Saône (comment savoir?) habite en moi, s'éveille, s'émeut, sitôt que j'arrive à Lyon. Quelle ville! Je n'en sais pas qui m'impressionne autant.

Je me sens libre à Paris; je vais, je viens avec aisance: dans Lyon, je suis dominé. Sur l'histoire pathétique de Paris, il y a toujours, semble-t-il, une vie plaisante qui s'installe et s'inscrit. On vient de rêver ; il faut sourire. Au lieu qu'à Lyon, ce sont des images sévères du sort humain qui s'imposent à l'esprit. Paris, même au premier coup d'œil, est un ensemble de luxe et de débraillé, de travail et d'insouciance, de contraintes et d'agrément. Lyon n'est qu'une personne, et qui n'a qu'un visage, austère, assez redoutable, signifiant de la grandeur.

La capitale, c'est Lyon.

Je crois que c'est mon grand-père lyonnais qui pense ainsi, et qui m'apprend les choses de son point de vue grave et... retiré. J'en suis même sûr. Mais le parisien que je suis devenu, qui vit encore, qui plus que tout aime à rire, reprend le dessus dès qu'il a lu le « Balcon de Guignol ». *Alors il dit :*

— Ce Lyon sévère n'est peut-être qu'apparence! On mange avec plaisir, on boit jusqu'à l'ivresse, et on s'amuse à Lyon. Il n'y a qu'à voir ce qu'imagine notre Emile Pellissier.

Je l'appelle « *notre* » *tout de suite, et bien familièrement, comme s'il était aussi de Lyon et de Paris ensemble, mais c'est parce qu'il honore toute la nation: il est comique. Le don comique est une des gloires françaises. Chaque fois que Dieu entend vraiment rire sur la terre, c'est de France que vient l'éclat — rarement de Bénarès, d'Oslo... ou d'ailleurs. Ailleurs, il arrive qu'un homme rie. En France, il y a toujours, ici ou là, des hommes en train de rire : ce sont ceux qui s'aperçoivent de la bêtise humaine.*

Quand ils distinguent ce rire, les étrangers chuchotent: « *C'est la Révolution qui brise encore quelque chose!* »

Du tout. La Révolution ne rit jamais. Elle est pédante et solennelle. Voyez Danton ou Paul Boncour. Mais voilà un rire large, savoureux, gras et plein. C'est de Lyon qu'il a jailli, et Paris rend l'écho. Signé : Emile Pellissier, réactionnaire.

Parbleu ! il n'y a que ceux qui réagissent, pour se moquer. Les autres suivent la foule et se noient dans le flot. Ce n'est pas drôle.

Guignol et Gnafron existaient avant Pellissier, mais ils étaient dans leur Guignol. L'invention de cet homme de bien a été de les sortir, de les promener, de les mêler à la vie présente, et de les faire s'arrêter de temps en temps dans un journal. Alors, nous avons eu des dialogues merveilleux, de ces deux compères, au repos ou en mouvement. Tantôt, c'est au-dessus d'un pot de Beaujolais qu'ils raisonnent, tantôt ils rendent visite à celui-ci, puis à celle-là. Celui-ci, le soyeux libéral, à qui ils conseillent le régime électif dans son affaire, au lieu du régime de succession, qui sent un peu trop la monarchie... Celle-là, Marianne, malade, rendant son âme et ses entrailles, parce qu'elle a pris trop de « briandine » et du « pain levé ».

— Vous feriez mieux de prendre du vrai pain de ménage ! lui conseillent-ils.

Ou bien, nous les voyons errer par la ville à la recherche de manifestations communistes, impossibles à découvrir. Quelle soif, juste ciel, ils gagnent à cette balade ! Et quelle pinte de bon sang, nous, lecteurs, nous gagnons !

J'en ai pour la vie à me souvenir aussi de la visite au « musée d'histoire naturable », où sont exposées toutes les sales bêtes de la République. Il y a dans les propos échangés tant de bonhomie sur tant de bon sens ! Et en étant vengeur, c'est toujours si plaisant !

A mon âge — je commence à mûrir d'une inquiétante manière — il n'y a plus que ceux des humains qui restent naturels avec qui j'aie la force de garder des relations. Tous les autres, pontifes ou cuistres, méritent un pied de nez. Mais Guignol, Gnafron, Pellissier, voilà des amis ! Comme ils parlent juste et bien ! Ils ne se font pas d'illusion sur eux-mêmes : ils s'appellent d'abord « ganache » et « vieille noix ». Puis, ceci bien établi, quelle force pour rire de la guerre hors la loi, de la paix à tout prix, de l'agnosticisme, du Palais Bourbeux !

Lorsqu'ils disent ces deux derniers mots, ils sont conscients de faire une bonne blague. Quand ils prononcent sénatorium, fac-similaires, l'histoire naturable et l'apiscalospe, ils ne sont peut-être pas aussi conscients. Ils n'en sont pas moins délicieux.

J'ai horreur des puristes. Ces gens-là manquent de fantaisie. Ce sont des mannequins immobiles et glacés. J'aime l'inattendu, la variété. J'aime que la langue bouge selon les langues qui la parlent. Braves gens du populo, débordés par le nombre des mots difficiles ! Ils s'en servent... comme ils peuvent. Et au lieu de se faire comprendre, tout simplement ainsi que les autres, voici que, par dessus le marché, ils nous divertissent. C'est tout de même une supériorité qu'ils ont sur les inspecteurs d'académie !

Je n'ai plus qu'un désir après avoir lu et relu Pellissier — et cette fois, c'est le parisien d'aujourd'hui qui demande, ce n'est pas le grand-père lyonnais qui suggère — je voudrais qu'avec son Guignol et son Gnafron il vînt à Paris, pour juger un peu, et nous dire notre fait. Leur verve est plus posée que la nôtre, plus lente mais moins forcée, moins brillante mais plus dorée. Elle est plus pleine aussi. Il y a comme un ronronnement dans leur rêve. Gavroche est pincé et ricane. Eux, ils *sont épanouis et font le dos rond. Il me semble que ce serait savoureux de les voir chez les Ministres, entrer au Palais pour entendre Torrès, ou sonner aux* Nouvelles Littéraires, *chez André Gide, chez Cocteau.*

Et alors, cette fois, on pourrait demander la préface à Frédéric-Lefèvre-Uneuravec.

René BENJAMIN.

En manière d'Avertissement

LE PÈRE LAGROGNE (*apercevant Guignol et Gnafron déambulant devant lui, se précipite sur eux*)

— Ah ! enfin je vous rencontre, deux épouvantables faux-nez, personnages camouflés. Nous allons avoir une explication définitive ! ! ! ...il y a longtemps que je recherche cette occasion !

GUIGNOL

Alors c'est z'après nous que vous en avez aujourd'hui, père Lagrogne, quoi don que nous avons encore fait ?

GNAFRON

Et pis vous savez, faudrait pas rien croire parce que j'ai un nez rouge et z'un peu enfle que c'est z'un faux nez ; c'est tout ce qu'il y a de plus vrai véritable en viande humaine, on peut y toucher ! et y me coûte assez cher, la charripe ! pour lui garder cette belle couleur rouge que fait l'admiration du monde que me connaissent, pour pas venir prétendre, par après, que c'est z'un nez en carton, un simili fausse imitation !

LE PÈRE LAGROGNE

Aussi n'est-ce pas au naturel, que je parle, mais bien au figuré; que signifie cette tromperie sur la marchandise ? (*il tire de sa poche*, la République Lyonnaise) ...tenez, je lis « *La République Lyonnaise*, organe des groupements royalistes du Lyonnais »...

alors ? ...alors ? ...et alors ? que veulent dire ces contradictions évidentes ? de qui vous fichez-vous ici ?

GUIGNOL

Oh là là, quelle radée ! ! ! vous avez ben trouvé là un beau sujet de gongonnage ! ! ! mais c'est raté, c'est tout à refaire, faudra sercher autre chose, pace qu'y n'y a ni contradiction, ni tromperie sur la marchandise.

GNAFRON

Autant de mots que vous avez dit, Mecieu Lagrogne, autant de gognandises, et ça prouve que vous ne comprenez rien à la monarchie, on va vous espliquer tout ça du Roi et vous verrez par après que nous sont pas des faux-nez, et encore moins des nouveaux nez ! ! !

LE PÈRE LAGROGNE

Je ne demande que ça et suis curieux de voir comment vous allez vous en sortir ?

GUIGNOL

C'est bien facile, père Lagrogne, ouvrez vos ireilles et tâchez moyen de retenir ça que je vais vous dire !

D'abord et pour commencer par le début, au lieur d'une République, en France, il y en aura une par province !

GNAFRON

Pardine ! chacun aura la sien, y aura celle des Bressans, celle des Dauphinois, la nôtre et celle du monde que restent plus loin que Condrieu ! ! !

GUIGNOL

Laisse-moi don dire, ganache ! te vas embrouiller Mecieu Lagrogne acque tes esplications filandreuses... ...je continue, nous aurons don, en France, autant de républiques que de provinces, ce qui fait que chacun sera chez soi et que les torchons seront pas mélangés acque les serviettes, chacune de ces petites républiques régionales s'administrera soi-même, fera sa petite affaire professionnelle et économique sans être obligée de courater à Paris à chaque instant.

GNAFRON

Ben oui, on aura pas de besoin de demander la permission à Paris pour changer une pompe de place, ou ben installer l'éclairage occidental par les rues !

LE PÈRE LAGROGNE

C'est parfait, j'entends bien, mais que fera votre Roi dans tout ça ?

GUIGNOL

Eh ben ! y gouvernera la France acque ses ministres responsables devant lui, par en dessus les républiques provinciales, ce qui fait que de cette manière on verra plus de z'imb'ciles décider des alliances de la France, ou de sa politique financière ou d'autres questions qui les arregardent pas plus que vous ou moi ! et qu'y ne connaissent pas ; le monde voteront et discuteront chacun dans leur république sur des questions qu'y connaîtront ; de cette façon tout ira bien, chacun son métier et les vaches seront bien gardées !

GNAFRON

Alors qu'au jour d'aujourd'hui les vaches sont à l'abade, gouvernent ou donnent leur avis à tort et à travers !

LE PÈRE LAGROGNE (*pensif*)

Oui... évidemment, c'est très ingénieux, cela peut donner, en effet, d'excellents résultats.

GUIGNOL

Et de cette manière ceux qui aiment tant la République en auront à regonfle, y z'en auront une rien que pour eusses, dans laquelle y pourront patrigoter tant que dure dure, sans faire de tort au pays, au moins !

GNAFRON

Sans compter qu'acque ce système au lieur d'avoir des villes mortes qu'y a pas tant seurement un miron par les rues, y aura des tas de petites capitales que deviendront vigourettes, ça fera marcher le commerce, le monde n'iront pas tous à Paris faire leurs emplettes, pas vrai ?

LE PÈRE LAGROGNE

Il est un fait que c'est pénible de voir des villes mourir d'anémie, comme Dijon, Besançon, Clermont et tant d'autres ! la vie affluerait de nouveau dans les provinces revivifiées par cette ingénieuse décentralisation.

GUIGNOL

Vous voyez ben que nous sons pas des faux-nez, père Lagrogne, et que de crier « Vive la République lyonnaise » ! ça n'empêche pas de crier « Vive le Roi » ! tout à l'incontraire !

LE PÈRE LAGROGNE (*apaisé*)

Je suis convaincu... toutefois un point me paraît encore obscur, pourquoi êtes-vous royalistes ?

GNAFRON

Parce qu'en bons Lyonnais nous aimons les libertés par dessus tout, que nous voulons être maîtres chez nous, pour tout ça et pis pour d'autres raisons encore que Chignol va vous dire.

GUIGNOL

Voyez-vous, Mecieu Lagrogne, quand même que nous ons l'air bien jeunes, cette ganache de Gnafron et moi, nous sons pas des petits morjons ; nous sons venus au monde à la fin du grand empire de Napolion, nous avons vu la France ruinée et saignée à blanc par les guerres d'enfer de la Révolution et de l'Empire; pis la paix, la belle paix du Bon Dieu, revenir acque Louis XVIII, en un rien de temps les finances ont été requinquées, tout est rentré dans l'ordre et le monde ont pu vivre tranquilles pendant un bout de temps ! malheureusement la Démocratie est revenue, et acque cette sampillerie on a revu les guerres, les invasions et toute la vogue ! ! ! c'est pour arrêter cette chariperie que nous sons royalistes ! nous voulons la Paix pour de bon, pas celle des paiteux de Genève qui amènera manquablement la guerre ; celle du Roi, basée sur des alliances judicieuses et sur une attitude ferme et digne !

GNAFRON

Oh que tu parles bien, Chignol, on dirait franc un dépoté !

GUIGNOL

M'insurte pas, ganache, on sait pas ça que tu deviendras plus tard !

LE PÈRE LAGROGNE (*enfin gracieux*)

Cette fois, Messieurs, vous m'avez convaincu, je pars tout à fait éclairé par vos explications, au revoir, Messieurs, et merci ! (*redevenant grognon*), allons bon, voilà encore la pluie, c'est assommant, quel temps de chien (*il s'éloigne en grognant, cette fois contre le baromètre*).

GNAFRON

Le vela que s'en va en gongonnant ! ! ! y a pas moyen de l'apprivoiser ce gone ! il est pas rien de bien bon command, faut toujours qu'il attrape quéqu'un ou quéque chose !

GUIGNOL

Qu'est-ce que ça fait, ganache ! maintenant, y sait ce que ça veut dire la République lyonnaise et y nous aidera à la fonder sur les ruines de cette saloperie de Marianne ! ! !

Lyon, 16 juin 1930.

PREMIÈRE PARTIE

—

Gandoises et Souvenirs Lyonnais

Tourisme Parisien

Guignol et Gnafron, arrêtés au bord du trottoir, sur le quai Pierre-Scize, causent tranquillement, lorsqu'une auto portant la lettre U s'arrête à leur hauteur :

L'Automobiliste

Excusez-moi de vous déranger, Messieurs, mais il me semble que je me suis égaré ! ne suis-je pas à Avignon ?

Guignol

Avignon ! oh que non, c'est z'après la Mulatière ! un peu plus loin ! en tenant bien votre droite.

L'Automobiliste

Pourtant, on m'a dit que la première grande ville que je rencontrerais après Dijon serait Avignon, puis Marseille !

Gnafron (*impatienté*)

Vous voyez don pas que vous êtes à Lyon ? C'est-y que vous voyagez à borgnon ?

L'Automobiliste

Comment ? A Lyon ? Mais c'est donc une grande ville ? A Paris, à mon départ, on ne me l'a pourtant nullement mentionnée !

Guignol

Oh ! si c'est à Paris qu'on vous a renseigné ! c'est pas z'étonnant, c'est des gones que savent pas que Lyon existe !

L'Automobiliste

Mais alors, cette rivière, qui est là à notre gauche, ce serait le Rhône ?

GNAFRON

Mais non, vous avez don pas appris la géométrie quand vous étiez petit mami à l'école, ce te rivière, comme vous dites, c'est la Saône, le Rhône est bien plus conséquent !

L'AUTOMOBILISTE

Le Rhône est encore plus large ! Mais alors c'est un vrai fleuve !

GUIGNOL

Vous pensiez des fois que nos fleuves étaient censément deux pisserottes, alors !

L'AUTOMOBILISTE

Mais, non, excusez-moi, j'ignore tout de votre ville; aussi, Messieurs, voulez-vous me faire le plaisir de venir prendre un café-crème avec moi, nous pourrons causer plus aisément.

GNAFRON

Un café-crème ! Vous pensez qu'on va prendre un café-crème ! Mais vous voulez nous faire attraper la vasivite pour le restant de nos jours ! Mettez votre voiture de coin, Mecieu l'Automobilisse, pour que les tramevets vous la poquent pas, et venez acque nous prendre un bon pot de Beaujolais, on vous expliquera, acque Chignol, tout ça de Lyon, pace que vous avez l'air savant là-dessus, parlant par respect, comme un cayon de Vaugneray !

L'AUTOMOBILISTE (*descendant de sa voiture*)

Avec plaisir, Messieurs, je me remets entre vos mains !

GUIGNOL

Parions que vous savez pas tant seulement ça que c'est que du Beaujolais ?

L'AUTOMOBILISTE

Si, certainement... c'est un vin, n'est-ce pas ?

GNAFRON

Un vin ! C'est pas un vin, c'est le Vin, acque une marjuscule ! C'est comme qui dirait le Roi de la Vinasse, c'est z'un paradis de lumière que vous descend tout le long du corgnolon et que vous irlumine l'estôme, c'est le soleil de chez nous qu'on a mis en bouteille, enfin c'est le Beaujolais, quoi !

L'AUTOMOBILISTE

Votre éloquence me fait venir l'eau à la bouche !

GUIGNOL

Eh ben crachez vite, faut pas boire de l'eau (*ils entrent dans un petit café*), ça reproche !

GNAFRON (*s'installant*)

Maintenant, Mecieu l'Automobilisse, on va vous espliquer un peu où vous êtes ; vous êtes à Lyon, c'est pas rien, vous savez ! pace qu'y faudrait pas vous croire chez des sauvages anthropofromages que sont habillés tout nus, et que mangent le monde attenant !

L'AUTOMOBILISTE

Votre accueil sympathique me prouve le contraire !

GUIGNOL

Vous êtes dans une ville véritable et citadine, comme on dit ; ici, à Lyon, nous avons des tramevets, des autobus, des taxis, le téléphone, le cinéma, les pompes funèbres de Mallet, et quatre ficelles !

GUIGNOL

Nous avons aussi des estatues à regonfle, des monuments, des allées que traboulent, des montées que descendent de la Croix-Rousse et de Saint-Just, enfin tout ça qui nous faut, nous sons pas des ébravagés et Lyon, c'est pas rien de la crotte de bique !

L'AUTOMOBILISTE

Je vois, Messieurs, que vous ne manquez de rien

et je m'étonne, simplement, qu'à Paris on ignore l'existence d'une ville aussi importante que la vôtre !

GUIGNOL

C'est la faute de la République, manquablement, ce te charipe veut tout ramasser à Paris, le restant du pays, ça compte pas, on peut pas tant seurement sanger la moindre des choses sans demander la permission à Paris, nous sons pire que les petits mamis que vont z'à l'école !

L'AUTOMOBILISTE

Tous les services sont centralisés à Paris, ce que vous me dites n'a rien d'étonnant.

GNAFRON

Dans les autrefois, Lyon était z'une capitale, on se gouvernait soi-même acque le Roi par en dessus, ça marchait mieux et ça coûtait moins cher, et pis on passait pas pour des pagans comme maintenant ; au jour d'aujourd'hui, tout ça qui n'est pas parisien, ça n'a pas plus de valeur que des drouilles, et pourtant nous ons, à Lyon, des gones démenets et espritės autant que chez vous autres, seurement les ceusses que nous ons sont z'obligés d'aller à Paris si y veulent réussir ! C'est pas de jeu, c'est de la frouille ; pace que vous attirez tous les mamis artets, vous dites qu'y a qu'à Paris qu'on a d'ême ! Si on vous enlevait tous les gones que viennent d'ailleurs, y vous en resterait pas rien beaucoup, pas vrai ?

L'AUTOMOBILISTE

Ce que vous dites-là est très juste, mais que voulez-vous y faire, je me le demande ?

GUIGNOL

Pardine, c'est bien simple, abouser la République, ramener le Roi qui rendra aux Provinces la vie des autrefois et leur z'y redonnera leur importance !

Gnafron

Et quand ça sera fait, Mecieu l'Automobilisse, vous verrez ça qu'on pourra faire en Province ! Jusqu'aux fourachaux de Marseille que deviendront esprités et que diront plus de gandoises.

L'Automobiliste

Ma foi, Messieurs, vous m'avez convaincu et le vin que vous venez de m'offrir est par lui-même un argument péremptoire pour les bienfaits du régionalisme, aussi je me permets de vous en offrir une autre bouteille que nous boirons tous trois ensemble.

Gnafron (*l'interrompant*)

Pardon, Mecieu, de vous couper. On dit pas ensemble, on dit de collagne.

L'Automobiliste

Ah ! pardon, merci ! Je reprends donc : « que nous boirons de collagne à la santé du Roi ! ».

Guignol et Gnafron (*ensemble*)

Allons, bien pensé, vive le Roi ! Vive Lyon !

14 avril 1928.

Boue Municipale

Par une journée de dégel, Guignol et Gnafron, qui sont allés faire une course dans le quartier de Gerland, se fraient avec difficulté un passage dans les rues boueuses de ce beau quartier.

GUIGNOL (*pataugeant*)

Eh ben ganache, on peut dire que c'est une promenade bien champêtre que te me fais faire, et si j'avais su qu'y avait tant de gabouille, je ne t'aurais pas rien accompagné !

GNAFRON

(*se dépétrant de la boue avec peine à chaque pas*)

Gongonne pas, Chignol, je me suis pensé te faire plaisir en te fesant faire ce te petite promenade, j'aurais dû pourtant me méfier, acque ce relême, manquablement y devait y avoir de bassouille !

GUIGNOL

Y devrait pas y en avoir ! Pourquoi don que le Conseil municipable fait pas paver les rues et les trottoirs de ce quartier, comme pour le restant de la ville ? ça fait regret, tout de même, de voir une saloperie de rue pareille, qu'on est censément à la nage tant y a de gaillots !

GNAFRON

Ça vaudrait bien mieux, Chignol, qu'on puisse s'en revenir à la nage, on ferait peter ses agottiaux, on serait d'abord rendu ! Tandis que pour se démargailler de toute ce te piautre, c'est toute une affaire !

GUIGNOL

Sans compter que, plus on va, plus c'est pire et vela la nuit que tombe ! Comment qu'on va faire pour se tirer de là une fois qu'on sera à borgnon ? Et si jamais ça venait à geler ce te nuit, nous serions si tellement collés après la terre que pour nous avoir faudrait faire peter la mine, comme aux carrières de Couzon !

GNAFRON (*avisant une petite rue transversale*)

Tiens, Chignol, vela une coursière, prenons par là, on sera plus vite au sec !

(*Ils s'engagent dans la petite rue en question, mais la boue semble croître et s'étendre, c'est un véritable marécage.*)

GUIGNOL (*pataugeant*)

Ben, ce te fois, on va se neyer pour sûr, ça devient plus pire à cha pas qu'on fait, c'est à peine si je peux tirer mes fumerons l'un après l'autre.

GNAFRON

Moi z'aussi, Chignol, mais encore un coup, on sera tiré d'affaire... Tout de même, au lieur de faire de z'abattoirs aussi conséquents qu'un village, acque des clochers attenant, le Maire aurait mieux fait de faire paver les rues, de manière à ce que le monde soyent pas dans la bassouille, parlant par respect, jusqu'en haut des fesses !!!

GUIGNOL (*faisant de vains efforts pour retirer une jambe*)

Ce coup-ci, ganache, me vela collé par les arpions comme un platane du quai Fulchiron, je peux plus sortir ma jambe, quoi don qu'y faut faire ? je peux pourtant pas la laisser là pique-plante et m'en revenir rien que sur une ! ! !

GNAFRON (*se dépétrant péniblement*)

Attends, Chignol, je vole à ton secours, à nous deusses on t'arrachera ben la jambe !

(Il s'approche de Guignol et s'efforce de le tirer du pétrin dans lequel il s'enlise).

GUIGNOL

Tire pas si fort, grande bugne ! te vas tout me dessampiller mon panaire, te peux ben faire attention !

GNAFRON

Faut ben te désarraper de ce te margagne, faut même se dépêcher pace que voilà que ça commence à faire nuit !

GUIGNOL *(geignant)*

Oulla, j'ai les deux jambes prises, je peux plus remuer, je suis censément cul-de-jatte !

GNAFRON *(essayant vainement de dégager son camarade)*

Oh hisse !... Ah, ouatte ! te bouges pas plus que le cheval de Bronze, donne-moi voir la main, on va essayer de se tirer de collagne.

GUIGNOL *(se cramponnant à Gnafron)*

Là..., maintenant, tirons tous les deusses à la fois ; attention ! à la la une, à la la deux, à la la trois !

(Ils tirent tous les deux avec une telle violence qu'ils tombent assis dans la boue).

GNAFRON

Ben, maintenant, Chignol, on est collé par les jambes et pis z'aussi par le darnier, on risque pas de s'envoler ! ! !

GUIGNOL *(essayant de se relever)*

Je sais pas sur quoi appuyer les mains pour me remonter ! Prête-moi ton épaule !

(Il s'appuie sur Gnafron).

GNAFRON *(hurlant)*

Arrête, ganache ! te m'enfonces davantage, te me ferais descendre dans le centre de la terre ! bouge plus, nom d'un rat ! j'ai de gassouille plein mon pantalon, ça fait des vagues, pire qu'en Saône quand y passe un remorqueur !

GUIGNOL

Alors, ce coup-là, on est arrapé, parlant par respect, par la peau des fesses ! et on est pour rester là jusqu'à demain matin ! T'as ben eu une drôle d'idée de nous faire prendre ce te coursière ! ! !

GNAFRON

Faut se faire une raison, Chignol, et réfléchir, pace qu'on peut pas rester comme ça toute la sainte nuit, ça serait pas une chose de faire et ça serait bon pour attraper le mal de la mort !

GUIGNOL

Eh ben crions « au secours », y a ben du monde que nous entendront, c'est pas rien des sauvages !

GNAFRON

C'est z'une bonne idée, y faut z'hurler.

(Criant à tue-tête, tous les deux : « Au secours ! Au secours ! »)

(Ils se taisent et attendent). — (Au bout d'un moment) :

GUIGNOL

Personne ne se dérange, c'est tout des manque d'ême ou ben des sourds qu'habitent ce quartier !

GNAFRON

Alors, y faudrait des fois crier : « Au feu ! »

GUIGNOL

Te peux pas crier au feu, imb'cile ! t'as le darnier dans l'eau ! ! !

GNAFRON

Même que ce te gassouille est froide comme la main d'un escargot, on peut pas rester là, Chignol, on va attraper mal !

GUIGNOL

Attends, j'ai z'une idée.

(*Il crie à tue-tête : « A bas Herriot ! »*)

(*A peine a-t-il poussé ce cri que des agents surgissent de l'ombre et se précipitent sur les deux enlizés*).

GNAFRON

Bravo ! velà du secours ! Vous allez nous tirer de là, Messieurs les urbains !

UN AGENT

Voulez-vous vous lever, spèce d'ivrogne soulographe en état d'ébriété soulatoire, je va vous botter le derrière pour vous apprendre à pousser des cris crépusculaires et séditieux !

GUIGNOL

Pour nous envoyer des coups de grollons dans le darnier, y faut d'abord nous tirer de la margagne ous que nous sommes censément collés comme de brignoles !

GNAFRON

Et si on a crié, Messieurs les urbains, c'est pas pour autre chose que pour vous faire venir, pacequ'on pouvait pas se désarraper soi-même tout seuls.

(*Les agents, les tirant brutalement tous les deux, les remettent sur pieds*).

UN AGENT

Allons, suivez-nous au poste, deux dégoûtants, couverts de crotte à faire vomir un cochon ! Vous devriez être t'honteux, ennemis répugnants de l'ordre établi, de venir vous cacher dans la boue municipale et républicaine pour pousser nuitamment et à l'impromptu des cris hostiles à la majesté de Môssieu le Maire. Allez ! votre compte est bon ! ! !

(*Ils les entraînent au poste comme deux paquets*)

Guignol (*à Gnafron*)

Te vois ben, ganache, que j'ai eu raison ; quand on a besoin des urbains, y faut pas crier « au secours ! », ni « au voleur ! » ça les fait ensauver ; y a qu'à crier « A bas Herriot ! » on est tout de suite servi ! ! !

5 février 1929.

La Maladie de Marianne

Ayant appris que Marianne était malade, Guignol et Gnafron vont la voir pour se rendre compte si, cette fois, on peut espérer en être débarrassé.

Ils sont introduits dans un salon magnifique, mais affreusement sale et mal tenu.

GUIGNOL

Arregarde don, ganache, c'est plein de taches su les fauteuils, on dirait franc qu'on a dégobillé dessus !

GNAFRON

Ça z'est encore rien, mais viens don voir ça que j'ai trouvé su cette canapé ! Un bout de gras-double et le neuf de trèfle !

GUIGNOL

Tiens, y a de l'écrit su la glace, voyons voir ça qui a. (*Il lit*) :

« A Marianne pour la vie ! »
« Signé : BRIAND. »

GNAFRON

Et par en-dessous y a autre chose. (*Il lit*) :

« A bas la Calotte ! »
« Signé : MALVY. »

GUIGNOL

Et là-haut, dans le coin, y a les cinq lettres, c'est ben z'encore plus pire !!!

GNAFRON

On voit que Mâme Marianne reçoit du monde bien élevé !

GUIGNOL

Elle doit être censément en train de crever qu'on nous fait pas entrer !

GNAFRON

Chignol, y a pas de risque, les mauvaises bêtes, ça a la vie dure, te sais !

GUIGNOL

Enfin, on peut pas rester dans ce salon-écurie jusqu'à la fin du monde, je vas chapoter à cette porte, on verra ben !

(Il frappe à une porte, jadis propre.)

GNAFRON

Ah ! vela qu'on nous ouvre ! attention Chignol, fesons semblant de nous intéresser à ce te charipe, y a des fois où y faut se montrer bouâme !

(Une espèce d'infirmière fait entrer les deux amis dans la chambre de Marianne ; la pièce est dans le plus grand désordre ; sur une table, des fioles voisinent avec des reliefs de nourriture, du linge sale, un paquet de cigarettes et le portrait de Doumergue.)

GUIGNOL

Bien le bonjour, mâme Marianne, alors on fait sa flemme, on reste au pucier en plein jour !

MARIANNE *(dépeignée, repoussante et gémissante)*

Ah ! Messieurs, j'ai une crise ! Encore une ! Si ça se renouvelle, j'ai bien peur d'y rester !

GNAFRON *(conciliant)*

Que non, Mâme Marianne, faut vous faire une raison, quoi, et si vous devez crever, eh ben, faut pas vous émouver par avance !

GUIGNOL *(vivement)*

L'écoutez pas, Mâme Marianne, y gandoise toujours, c'est pas pour de bon !

MARIANNE

Oh ! je sais bien ! Je vais me remonter, car je ne veux pas mourir, la vie est trop belle et les budgets sont en plus-value !! On peut encore rigoler !

GNAFRON

Quoi don que vous avez attrapé, c'est des fois un mauvais coup de froid que vous sera tombé su la poitrine ou ben une crise d'air humide ?

GUIGNOL

C'est plutôt une perte au profit du cœur, on dit que c'est si mauvais !

MARIANNE

Dans tous les cas, mon docteur m'a fait une ordonnance en trois points : 1° Pas fréquenter de militaires; 2° Pas fréquenter de curés ; 3° Eviter les accès de patriotisme !

GNAFRON

Oh ! pour ça, y a pas de risque, Mâme Marianne ! Vous donnez pas peur quant aux militaires, y en a censément plus ; pour les curés, c'est plus grave, car y vous aiment malgré vos défauts et malgré que vous leur z'y avez pris toutes leurs affaires et même leurs argents !

GUIGNOL

C'est pas ça pourtant qui vous a rendue malade ?

MARIANNE

Mais non, ce qui m'a provoqué cette crise, c'est que j'ai pris un peu trop de briandine ! C'est une bonne drogue, mais je crois qu'y faut pas en abuser!

GNAFRON

Aussi, vous en prenez attenant, c'est pas raisonnable, vous savez ben que ça vous donne de la trahisonite chronique !

MARIANNE

Le Docteur m'a déjà supprimé mon pain levé ; je ne veux pourtant pas supprimer aussi la briandine !

GUIGNOL

Au lieur de votre pain levé, qu'était une véritable saloperie, que vous restait su l'estôme, vous feriez bien mieux de manger du vrai pain de ménage, bien blanc, bien frais et bien doré, au moins ça vous nourrirait, sans vous donner de la mauvaise graisse, que vous en êtes caffie !

GNAFRON

Et pis, au lieur de prendre des pilules essefio, vous feriez mieux de vous mettre un cataplâme humiliant su la bredouille, ça vous rendrait pas la figure si rouge ; on dirait franc que vous avez l'escarlatine !!

MARIANNE

Vous êtes vraiment bien bons, Messieurs, de vous inquiéter ainsi de ma santé ; bannissez toutes craintes, un bon verre de tardieusine, et ça ne s'y connaîtra plus, je serai de nouveau sur mes pattes.

GNAFRON (*bas à Guignol*)

Je t'avais ben dit, Chignol, que les mauvaises bêtes ne crèvent jamais !

GUIGNOL (*bas, à Gnafron*)

Dis don rien, imb'cile, on va s'en aller ! (*Haut, à Madame Marianne*) : On est bien content tous les deusses de vous savoir bientôt requinquée, mais je vois su votre table une fiole de gasparrine, manquez pas d'en prendre à regonfle, Mâme Marianne, c'est ça que vous retrancanera de fond en comble que vous redeviendrez censément jeune fille !!

MARIANNE

Je n'y manquerai pas, d'autant que cette fiole m'a été envoyée d'Italie par un puissant ami.

GNAFRON

Allons, bien pensé, Mâme Marianne, à la revoyure! (*Ils sortent.*)

GUIGNOL (*une fois dans l'escalier*)

Te comprends, si je lui ai dit d'avaler cette gasparrine, c'est que c'est une saloperie que fait crever le monde les pattes en l'air, pire que la triquenine !

GNAFRON

Tu crois, Chignol ? Ça serait ben une bonne chose, pace que, vois-tu, sans ça, jamais on verra la fin de cette charipe ; elle est solide comme le cheval de bronze !

GUIGNOL

Pas tant que ça!! Faut pas se fier à l'apparence, et la Marianne, tout par un coup, crevognera toute seule, sans que nous soyons seulement obligés de lui z'y donner un coup de trique !!

9 novembre 1929.

La Conférence de René Benjamin

GUIGNOL

Hier au soir, à la conférence Benjamin, je t'ai serché des quinquets dans tous les coins de la salle. J'ai vu tout le monde, mais toi, ganache, t'étais invisible. Parions que t'étais dans un café en bas, en train de licher.

GNAFRON

Chignol, je peux t'en dire autant, je t'ai serché dans toute la salle, je me suis assis sur tous les fauteuils, et tu y étais pas. Aussi, faudrait pas rien essayer de me faire accroire que tu y étais !!

GUIGNOL

Ça, c'est z'un peu fort ! Je suis arrivé par là vers les huit heures un quart, et comme j'avais pas de billet, je me suis mis à la porte et j'ai demandé les billets à ceusses qui arrivaient ; je faisais censément le contrôle ; tout le monde m'ont passé par les mains, je t'ai pas vu, vieux menteur, t'y étais pas !!

GNAFRON

T'as pas pu me voir, parce que tu es z'arrivé trop tard, j'étais dans la salle du depuis sept heures à peu près ; te comprends, comme j'avais pas de billet non plus, je suis aller rodasser vers la salle, y avait personne par les escayers, alors je suis monté tout plan plan, je suis rentré dans la salle, pis je me suis mis dans une douche pour manger le petit revollon que j'avais apporté, un peu de fromage fort dans un journal, des ronds de saucisson, un bout de pain et deux litres !

GUIGNOL (*l'interrompant*)

Te t'es mis dans une douche ? Quoi don que te bajafles ? Y a pas de douche à la salle Rameau, imb'cile !

GNAFRON

Mais si, te sais ben, un petit cagibi en planches que ça s'appelle un benot, une cuvette, comment don ? Enfin, un machin ousqu'on met de l'eau !

GUIGNOL

Ah ! j'y suis ! une baignoire que tu veux dire ! Esplique-toi don lisiblement, grande bugne, on comprend pas ça que tu veux dire !

GNAFRON

Aussi, Chignol, c'est z'estupide d'appeler un cagibi une baignoire, vu que si on y mettait de l'eau véritable pour de bon, ça ferait une gabouille épouvantable et que la salle serait d'abord benouillée !

GUIGNOL

Bon, ça va, te t'es mis dans une loge et t'as mangé ton revollon, et pis après ?

GNAFRON

Ça a duré un bon bout de temps, vu que c'était noir comme dans un four et que je mangeais à borgnon. Je me fourrais mon fromage dans me n'œil et des bouts de pain dans le nez ; je te dis qu'on y voyait pas clair et manquablement je trouvais pas ma bouche du premier coup !

GUIGNOL

T'as dû t'ennuyer attenant tout seul dans ce noir !

GNAFRON

Non, pas trop, Chignol, pace qu'y faut te dire qu'après avoir mangé, je me suis bambanné par la salle, dans les collidors, enfin, de partout, toujours à borgnon, et j'ai manqué de m'abouser à travers les fauteuils, au risque de me déponteler la gaugne !

GUIGNOL

T'as une drôle de manière d'aller aux conférences!

GNAFRON

Quand j'ai vu que l'heure arrivait, je me suis installé en beau devant sur un fauteuil, pis j'ai attendu! On a éclairé la lumière et le monde ont commencé de s'amener.

GUIGNOL

Ben t'as pas dû rester longtemps assis, pace que tout était pris, comble, archi-comble !

GNAFRON

C'est bien ça qui est z'arrivé, un gone est venu me dire : « Pardon, mecieu, c'est ma place ». Alors, je suis été ailleurs, mais partout on me fesait ensauver, en me disant : « Pardon, mecieu, c'est ma place ! ». A la fin finable, je me suis pensé que des fois c'était pas de z'excuses qu'on me fesait, mais qu'on me tuteyait attenant en me disant : « Pars don, mecieu, c'est ma place !! ».

GUIGNOL

Pardon ou pars don, c'était tout du pareil au même! Alors, quoi don que tu as fait ?

GNAFRON

J'ai continué à courater dans toute la salle. On me fesait ensauver à cha fauteuil que je prenais ; ce commerce commençait à m'énerver. Alors, je me suis collé franc contre le mur, au premier étage ! Mais, figure-toi que quand même que j'étais pique plante, vela un gone qui me dérange en me disant encore : « Pardon, mecieu, vous êtes devant mon estrapontin !!! ». Je me retourne et y avait derrière moi, collé contre le mur, un petit tabouret à ressort; j'ai z'été z'obligé de décaniller encore un coup !

GUIGNOL

Si t'avais fait comme moi, te serais resté bien patet dans un coin sans te faire sigogner par tout le monde.

GNAFRON

Où don que tu étais, toi ?

GUIGNOL

Moi ! Au balcon, pardine ! Je pouvais pas être ailleurs !!

GNAFRON

Ben, c'est vrai, j'y pensais pas... Enfin, j'ai trouvé un petit coin à l'abri, et j'ai tout vu et tout z'entendu. Mais, vois-tu, Chignol, ça m'a fait regret de voir qu'on avait donné à ce pauvre gone de Benjamin une carafe d'eau !! Lui qui a si bien parlé, et pendant deux heures d'affilée !! C'est t'honteux, on aurait ben pu, au moins, lui z'y donner des bouteilles de beaujolais; je suis ben sûr que si ça avait z'été moi, pour parler aussi longtemps, y m'aurait ben fallu au moins cinq litres !! et encore, je serais des fois resté arrête au beau mitan !

GUIGNOL

Oh! toi, t'esse un buvanvin fini, heureusement que tout le monde sont pas comme toi !... t'as z'entendu quand il a dit que Loucheur était rond comme la lune?

GNAFRON

Oui, Chignol, mais es-tu bien sûr qu'il a dit « rond », j'ai compris autre chose de plus naturable en parlant de ce t'imb'cile !

GUIGNOL

Mais non, il a dit « rond », tu comprends tout de traviole !

GNAFRON

Et pis, quand il a raconté que la Clotilde elle faisait si tellement bien la cuisine qu'elle aurait fait un bon général, ça c'était tapé !!!

GUIGNOL

Le plus beau, c'est quand il a rebriqué que l'Edouard Herriot était z'une bouse de vache, t'as vu comme le monde ont applaudi ?

GNAFRON

Chacun a ramassé son paquet ! Ce Clemenceau, c'était tout de même un mami esprité et artet, j'aurais aimé lui payer un pot de beaujolais !

GUIGNOL

Y buvait pas acque le premier gognand venu, y choisissait ses amis, et pis, te sais, le monde le canulaient.

GNAFRON

Tout de même, y avait dans la salle des gones que fesaient une drôle de gobille en entendant dire du mal des dépotés !

GUIGNOL

Pardine, y en avait un ! mais çui là, il est si tellement patet qu'y souriait attenant, y prenait rien pour lui, y croyait quasiment qu'on parlait des autres !

GNAFRON

Pour quant à moi, de mon coin, j'arregardais les têtes du monde, y z'étaient tous contents et gracieux que c'était un vrai bonheur !

GUIGNOL

Sans Clemenceau, tout de même, si on avait laissé faire la République, tout était pardu et nous serions prussiens à cette heure, ça serait pas rien bien champêtre !

GNAFRON

Moi, Chignol, j'aurais pa pu, la choucroûte me reproche et j'aime pas la bière, qu'on dirait censément, et parlant par respect, du pissat d'âne !

GUIGNOL

Heureusement qu'on n'en est pas arrivé là. N'empêche que si Clemenceau n'avait pas tenu tirant !!!...

GNAFRON

Ben oui, c'est z'entendu, seulement y a pas à dire, vela bientôt soixante ans que la démocratie dure et pendant tout ce temps, elle n'a produit qu'un homme! c'est pas rien beaucoup !!!

GUIGNOL

C'est ben tout ça qu'elle peut faire, la charipe, pace que la démocratie, vois-tu, c'est z'une fabrique de rafataille !!

25 janvier 1930.

Congexion pulmonique

(Gnafron arrive chez Guignol et trouve celui-ci malade, au lit).

GNAFRON

Alors, quoi don qu'on me dit, ganache ? t'esse malade ? t'as z'attrapé la diarrhée infantile ?

GUIGNOL

C'est pire que ça, imb'cile, c'est censément comme qui dirait un chaud et froid que m'est tombé sur l'estôme !

GNAFRON

Avec quoi tu te droguasses, Chignol ? te sais, méfie-toi, les remèdes c'est des fois pire que le mal !

GUIGNOL

Oh ! si j'écoutais Madelon, j'en avalerais de tisanes, de z'alexis, elle me bourre de tormentine, voulait me mettre une emplâtre des Quatre Chapeaux su le darnier, et me gabouiller la bredouille acque de la peinture d'idiote ! ! J'ai pas voulu.

GNAFRON

T'as bien fait, Chignol, t'aurais eu le ventre jaune et le monde t'auraient pris pour un Bressan !

GUIGNOL

Le merdecin est venu, il a laissé des petits verres, là, sur la table, il appelle ça des ventrouses. Y faut que j'en prenne six !

GNAFRON *(regardant les ventouses)*

Eh ben, Chignol, six verres comme ça, ça fait pas

seulement trois canons ordinaires, c'est pas ça que veut te couper la soif !

GUIGNOL

Ben oui, mais le plus pire, c'est qu'il a pas dit ça qu'y fallait mettre dedans ! c'est-y du vin, de l'eau ? ou ben un alexis quelconque ?

GNAFRON

Faut pas penser à des choses pareilles, c'est sûrement de vinasse qu'il a voulu dire... tiens, je vas te les remplir de Beaujolais et tu les avaleras tous les six d'affilée ! (*Il remplit les ventouses de vin et les fait boire à Guignol*).

GUIGNOL

C'est ben vrai ! Y en a si peu qu'on a pas tant seulement le temps de savoir le goût que ça a.

GNAFRON

Tiens, moi non plus, je ne me sens pas bien ! J'ai z'envie de m'en appliquer une douzaine, j'aime mieux doubler la dose tout de suite, de crainte de faire un pied-failli et de ne pas guérir subito ! (*Il remplit de nouveau les ventouses et les boit*).

GUIGNOL

De ce train-là, ganache, te seras requinqué avant moi !

GNAFRON

Ton médecin n'est pas un imb'cile, Chignol, seulement quelle drôle d'idée de te faire boire dans ces petits verres, il aurait mieux fait de te faire prendre des vrais canons, ça aurait été d'abord fait, tandis qu'acque ces ventrouses, y faut recommencer attenant pour avoir son compte !

GUIGNOL

Oh ! toi, c'est avec un benot que tu voudrais en prendre, buvanvin !

GNAFRON

C'est l'Hôpital qui se moque de la Charité, mais comment qu'elle s'appelle, ta maladie, le merdecin a ben dû te le dire ?

GUIGNOL

Oh ! te sais, c'est tout des mots latins et savantasses, que j'ai du mal à me rappeler.

GNAFRON

C'est des fois l'escarlatine ou ben la fièvre moqueuse ?

GUIGNOL

Non, il a pas dit comme ça, c'est une congexion pulmonique, je crois, ou quelque chose dans ce genre.

GNAFRON

Si c'est ça, Chignol, te ferais bien de voir un rhabilleur ! Je connais un gone qu'avait z'attrapé ça que tu as, le rhabilleur lui a dit de prendre un pigeon, de l'ouvrir en deusse et de se mettre dedans ! Seulement, comme mon gone pesait dans les cent kilos, il a pas pu entrer dans le pigeon, tu comprends !

GUIGNOL

Alors, quoi don qu'il a fait ?

GNAFRON

Oh ! c'était z'un gone esprité comme tout. Quand il a vu qu'il pouvait pas entrer dans le pigeon, alors il a décidé que c'est le pigeon qu'entrerait dans lui, il l'a fait cuire et l'a mangé acque une livre de petits pois et du lard attenant, ça l'a requinqué d'un coup !

GUIGNOL

J'en ai connu un autre que s'est z'adressé censément à un sorcier !

GNAFRON

Quoi don que te bajafles ? à z'un sorcier ? comment ça ?

GUIGNOL

Ben oui, il est allé trouver ce gone, l'autre lui a remué les mains devant les quinquets pendant un bon bout de temps au risque de l'éborgner, pis, à force, ça l'a penotisé, y s'est z'endormi; alors le sorcier lui a soufflé dans le nez en lui disant : Allez-vous-en, vous êtes guéri ! L'autre est parti, ça lui a coûté cent sous !

GNAFRON

Et il a été guéri au moins ?

GUIGNOL

Oui, ça lui a z'enlevé sa congexion, soi-disant, mais il est mort par après empoisonné, parce que l'autre sorcier lui avait soufflé dans le nez une mauvaise air qui sentait pas bonne, te comprends ?

GNAFRON

C'est ben ça que je te disais, Chignol, souvent les remèdes c'est pire que le mal !

GUIGNOL

Dans tous les cas, ces ventrouses de beaujolais m'ont fait du bien, je me sens requinqué ! !

GNAFRON

Chignol, manquablement, le beaujolais c'est le roi des remèdes et à la Morgue, si on leur z'y fesait pisser du Brouilly sur le nez en place de l'eau du Rhône, y a beau temps qu'y seraient ressuscités au lieur de rester morts attenant comme des imb'ciles !

GUIGNOL

Oui, mais je serche où j'ai bien pu attraper cette crève ? j'ai pas fait d'imprudence pourtant ?

GNAFRON

T'en es bien sûr, Chignol ? t'aurais pas des fois avalé de l'eau par accident ?

GUIGNOL

Pense voir, ganache! Je fais pas des choses aussi

dangereuses que ça, je ne m'expose pas à des castapostroques pareilles !

GNAFRON

Alors, c'est des fois que tu as rencontré ton porpriétaire par les escayers et que ça t'aura retourné les sanques ?

GUIGNOL

Y vient jamais dans la maison et si je le vois de loin dans la rue, je m'ensauve !

GNAFRON

Alors, t'as rencontré Moutet, le dépoté S. F. I. O. ; c'est z'un gone, acque sa gobille de traviole, que rendrait malade l'homme de la Roche !

GUIGNOL

Non, il est pas par là, il est dépoté des regrolleurs de Romans !

GNAFRON

Alors, c'est z' un courant d'air chanin que t'aura soufflé su le cottivet su le quai Saint-Antoine !

GUIGNOL

Non, c'est z'encore pas ça. Je crois ben que j'ai trouvé ça que c'est !

GNAFRON

Dis-y voir, quand on connaît la cause de son mal, on peut, par après, éviter les crèves !

GUIGNOL

Eh ben c'est d'avoir vu la sale gobille de Briand en portrait sur tous les journaux de partout ; à cha peu, à force de voir cette face de traître, ça m'a croisé les nerfles sur l'estôme !

GNAFRON

Manquablement ! tu y es, c'est sûr, moi, rien que d'y penser, je sens que ça me gasse dans la bredouille; allons, encore une tournée de ventrouses, ça chassera la mauvaise air !

1er février 1930.

Le Mardi-Gras

Gnafron arrivant chez Guignol trouve celui-ci fort occupé à confectionner, avec des guenilles, un mannequin à l'effigie de la République.

GNAFRON

Ben, ce coup-là, Chignol, on peut dire que tu retombes en enfance, vela que tu t'amuses acque une poutrône ?

GUIGNOL

Te sais don pas que c'est z'aujourd'hui Mardi-Gras et qu'on fait sauter les poutrônes par les rues ? Moi j'ai eu l'idée de gauner la mien comme Marianne ; on sera suivi par tous les gones du quartier, ça fera une bonne propagande, pas vrai ?

GNAFRON

Bien pensé, Chignol, acque une vieille couverte, on fera sauter la République, ça amusera le monde que se promènent !

GUIGNOL (*redressant le mannequin*)

Tiens, arregarde voir si elle est pas ressemblante qu'on dirait la Marianne tout craché !

GNAFRON

Elle est mollasse comme une patte à relaver, elle s'abouse attenant, on dirait franc une personne moribonne !

GUIGNOL

Tiens, elle est finite, son bonnet rouge bien arrapé

su la tête, elle risque pas de le perdre, maintenant, en route, on va commencer la séance !

(Ils sortent)... Une fois sur l'avenue de la Bibliothèque, ils étalent leur couverture, placent la Marianne bien au milieu et, la saisissant par les deux bouts, chantent à tue-tête, en balançant la couverture :

La Marianne est morte, il faut l'enterrai
L'Herriot qui la pleure, il faut le consolai
Ah une, ah deux, ah trois, saute Mardi-Gras.

(D'une brève secousse donnée à la couverture, ils lancent la République en l'air)... des gones accourent, enchantés de l'aubaine.)

GNAFRON

Te vois, Chignol, on commence à ramasser le monde, t'a l'heure ça sera pire que la queue du Grand-Thiâtre !

GUIGNOL

Recommençons, tiens, vers le pont Tilsitt, mais fais attention de pas jeter notre poutrône en Saône !

(Ils chantent de nouveau leur couplet... Apercevant un agent, ils s'arrêtent).

GNAFRON

Chignol, vela un urbain, c'est pas rien la peine de se faire ablager par ce t'imb'cile, prends voir la Marianne par un bras, moi par l'autre, on la tiendra entre nous deusse, elle aura l'air d'une personne naturable !

(Ils passent à côté de l'agent qui les dévisage d'un air soupçonneux.)

GUIGNOL

T'as vu comme y nous a défigurés ! ce t'artignol, il avait l'air gongon que c'est pas de croire !

GNAFRON

C'est des fois les bugnes que lui sont restées sur l'estôme, ça fait des catons que ça vous rend tout pistoufle !

GUIGNOL

Y faut continuer notre propagande, on peut pas charrier cette poutrône entre nous deusse, elle brandigole que le monde croiraient ben qu'elle est fiole !

GNAFRON

Tiens, nous la ferons sauter franc devant le Palais d'Injustice, y' a une belle place qu'on dirait faite à l'esqueprès !

(Ils s'installent et chantent, accompagnés par le chœur des gones au comble de la joie.)

La Marianne est morte, il faut l'enterrai
L'Herriot qui la pleure, il faut le consolai
Ah une, ah deux, ah trois, saute Mardi-Gras.

(Ils lancent la République en l'air, elle retombe malheureusement en plein sur la tête de l'agent qui les a suivis sournoisement).

L'AGENT *(furieux)*

Je vous y prends à secouer des guenilles sur la voie publique après dix heures, vous aurez une contravention...

(Apercevant l'effigie de la République, gisant à terre).

... Mais qu'apercevois-je ? Qu'est-ce que mes yeux ont vu ? Quel est ce fac-similaire sacrilège ? *(s'approchant)*. Je ne me suis pas trompé, c'est la République, la Patronne, que vous obnubilez en effigie sur la place publique ! Horreur ! Outrage ! Blasphème épouvantable ! Je vous arrête tous les deusses succintement et vais vous conduire au poste inopinément !

GUIGNOL

Mecieu l'agent, le jour du Mardi-Gras, c'est tout permis, et pis vous savez ben que la République c'est z'un vrai carnaval ! !

L'AGENT

Assez d'anachronisme ! N'aggravez pas votre cas, suivez-moi ! !

GNAFRON

Mecieu l'urbain, nous ons le droit de faire sauter la République, y a ben assez longtemps qu'elle nous enquiquine pour qu'on lui rende un peu la pareille !!

L'AGENT

Vous expliquerez votre théorême devant le commissaire, il jugera soi-même de la pénurie de votre cas !

GUIGNOL

Le commissaire comprendra que faire sauter la République dans les airs, c'est pas un crime, tout à l'incontraire, c'est la requinquer un peu, du depuis le temps qu'elle traîne à bouchon dans la gabouille. Ça peut pas lui faire de mal de respirer un peu d'air pur !

L'AGENT

Vos élucubrations spécifiques n'ont aucune coïncidence avec la perpendiculaire de mon devoir ! D'ailleurs, nous voici au poste, ouste, entrez! (*Il les pousse violemment ; Guignol, Gnafron et le mannequin viennent choir brusquement contre le bureau du commissaire*).

LE COMMISSAIRE (*furieux*)

Signifie cette irruption irrespectueuse, agent, signifie ? Répondez !

L'AGENT

J'ai surpris ces deux figures douteuses sur la voie publique, en train de faire sauter la République à l'aide d'une couverture usagée et de cris blasphématoires pour la majesté dont auquelle elle est revêtue.

LE COMMISSAIRE

Comprends pas un mot! (*A Guignol*) Expliquez-vous clairement, l'inculpé !

GUIGNOL

Mecieu le Commissaire, c'est rien du tout, c'est cette ganache de Gnafron et pis moi qu'on s'amusait à faire sauter une poutrône en chantant Mardi-Gras acque les gones du quartier, voilà tout !

L'AGENT

Voui, mais vous oubliez de dire que votre poupée représente la Patronne, et que c'est un délit de ridiculiser publiquement en fac-similaire la Démocratie omnipotente !

GNAFRON

Ça nous fesait faire de l'exercice et ça fesait glisser les bugnes ! On en a si tellement mangé que nous sons censément caffis, Chignol et pis moi !

LE COMMISSAIRE

C'est un manque de respect déplorable, mais je ne crois pas que ce soit un délit ; toutefois, ne recommencez pas, car si on vous surprend encore, cette fois vous n'y couperez pas !... Allez, filez, emportez votre mannequin, estimez-vous heureux que je ne le confisque pas !

GUIGNOL

Mecieu le Commissaire, nous nous ensauvons acque notre poutrône, on la fera plus sauter, tout à l'incontraire, on la remettra à sa vraie place !

LE COMMISSAIRE

Et puis-je savoir ce que vous appelez sa vraie place ?

GNAFRON

Eh ben ! On peut dire que vous n'avez pas rien beaucoup d'ême ! C'est dans le siau d'équevilles, pardine, la vraie place d'une charipe pareille !!!

GUIGNOL

Maintenant, ganache, ensauvons-nous, y serait capable de nous faire disparaître comme ce pauvre Koutiepoff !

(Ils s'enfuient).

8 mars 1930.

Canards Lyonnais

Gnafron arrive chez Guignol et le trouve chez lui environné de canards qui poussent des coins-coins désespérés.

GNAFRON

Eh ben, Chignol, c'est pire qu'au Parc, chez toi, te voilà censément établi coquetier, te vas z'aller à l'Halle vendre la poulaille ; c'est pas possible ! on entend couiner tes bêtes depuis l'en bas des escayers !

GUIGNOL

C'est pas pour les vendre, ganache, c'est z'une collection, mais, y m'en manque un ! et le plus beau encore !

GNAFRON

Comment, t'en as pas assez comme ça! y te manque une dinde de Crémieu et des poules de Bresse, mais des canards, t'as bien ton compte ! (*Désignant un gros canard triste à tête blanche.*) Dans tous les cas en vela ben un beau et pis qu'y n'a pas rien l'air bien jeune !

GUIGNOL

Je pense ben ! c'est le *Salut Public !* y peut quasiment plus piauler tant y a longtemps qu'y couine !

GNAFRON

Ah je comprends ! te collectionne les journaux !

GUIGNOL

Ce te fois tu y es grande bugne ! et que dis-tu de

celui-ci ? (*Il montre un canard blanchâtre avec un peu de rose sur la tête*).

GNAFRON

Il a l'air tout patêt ! Y doit z'être malade et pis on dirait qu'y peut pas ouvrir ses quinquets !

GUIGNOL

Te le reconnais pas ? C'est le *Nouvelliste de Lyon !* il est tout timide, y sait pas bien sur quelle patte se tenir !

GNAFRON

Oh et çui là qu'a trois grosses taches noires sur le ventre qu'on dirait franc des pochons !

GUIGNOL

C'est le *Lyon Républicain*, y commence à se faire vieux, et te vois, il avait du rouge sur le cottivet, ça commence à s'en aller !

GNAFRON

Te l'auras laissé benouiller à la pluie, Chignol, y commence à déteindre.

GUIGNOL

Je crois pas, mais en vieillissant y devient pâle qu'on dirait franc une personne pinque !

GNAFRON

C'est des fois qu'y s'ennuie, ce te pauvre bête !... par exemple en vela un que lève la tête et qu'est gras à lard ! çui là, au moins, y n'est pas baricolé de toutes les couleurs, il est rouge du haut en bas ! on dirait franc un cardinal ou bien un z'homard !

GUIGNOL

Oh çui là, y fait pas peine à voir, c'est le *Progrès*, il est quasiment aussi gros qu'une oie !

GNAFRON

Et ce petit, que se bambanne dans le coin, qu'a l'air

tout couâme et tout ensauvagé ! C'est z'un crai coco des îles, il a la tête rose, le dos tricolore et le ventre jaune et blanc ! il a dû tomber dans le baquet d'un teinturier !

GUIGNOL

Mais non, ganache, c'est le *Nouveau Journal*, un avanglé que laisse pas sa part aux autres !

GNAFRON

Mais je vois pas ton oiseau rare, çui qui te manque, y z'ont ben l'air d'être tous là.

GUIGNOL (*lui montrant un œuf d'un rouge magnifique*)

Il est z'encore là-dedans, ce te charipe, et il a pas l'air de vouloir sortir de si tôt !

GNAFRON

Il a des fois gelé ce t'hiver, ou ben il est clair !

GUIGNOL

Te trouves qu'il éclaire ! t'es pas difficile ! c'est justement l'*Eclaireur*, le darnier pillot, c'est z'Herriot que l'a pondu, y doit avoir été couvé au Parfait-Silence, mais y veut pas éclore, y reste inodore sans bouger comme un imb'cile, pourtant on m'avait bien promis qu'y viendrait au monde avant les z'élections !

GNAFRON

Ah ! c'est le fameux canard d'Herriot ! eh ben Chignol si y n'éclot pas d'ici t'a l'heure, te pourras même pas le manger à la coque, y doit rien être punais.

GUIGNOL

C'est ben dommage ! un bel œuf tout rouge, censément aussi gros que le gros caillou ! y doit y avoir dedans un pillot conséquent !

GNAFRON

Y doit y avoir querque chose de pas naturable, Chignol ! moi, à ta place, je le porterais au Musée de Gadagne.

GUIGNOL

Je vais encore attendre trois ou quatre jours, par après je le porterai au jeu de boules du Clos Jouve, ça fera un beau cochonnet !

GNAFRON

Sans compter que ce te ménagerie doit dépenser gros d'argent à nourrir !

GUIGNOL

Oh que non ! y mangent tous la même chose, dans la même écuelle ! c'est pas rien compliqué, et y sont pas difficile su la nourriture, y digèrent tout !

GNAFRON

J'en connais un, Chignol, qui n'est pas comme ceux-là, c'est un joli petit canard, démenet et tarabâte comme tout !

GUIGNOL

T'as qu'à me l'apporter, ganache, ça complètera la congrégation !

GNAFRON

Impossible, Chignol, c'est pas un canard domestique ! c'est z'un canard sauvage, y fait ça qu'y veut, on peut pas le pitrogner comme ces cogne-mous que t'as là.

GUIGNOL

Et comment don qu'il est ton oiseau rare ?

GNAFRON

Il est tout blanc, Chignol, et vigouret comme un gicle ! et pis tu sais, quand même qu'il est pas bien gros, y couine aussi fort que les autres !

GUIGNOL

Comment don que tu l'appelles ce fameux canard ?

GNAFRON

C'est *la République Lyonnaise*, Chignol, et tu peux lui compter les plumes à cha-une, t'en trouveras pas une de rouge, te sais ! ! !

29 mars 1929.

DEUXIÈME PARTIE

—

Les Gentillesses de Marianne

Les Agnostiques

Gnafron entre en trombe chez Guignol lequel, à sa banquette, travaille paisiblement:

GUIGNOL (*surpris*)

C'est toi, ganache! que rentre chez le monde comme un ébravagé, sans seulement dire bonjour, que don que t'as, t'es tout pistoufle, t'as rencontré ton regrettier?

GNAFRON (*essoufflé*)

Pire que ça, Chignol, on vient de me dire que nous sons deux agnostiques !

GUIGNOL (*surpris*)

Deux quoi? Comment que tu as dit?

GNAFRON

Y paraît que nous sons deux agnostiques, on vient de m'y dire à l'instant même!

GUIGNOL

Je pense que t'as tapé su le coquelichon de l'imb'cile qui t'a insolenté.

GNAFRON

Je pouvais pas, Chignol, pasque c'est le curé de la paroisse qui m'a dit ça!

GUIGNOL (*au comble de la surprise*)

Le curé qui t'a dit ça!!! C'est pas possible, on est pourtant bien amis tous les troisses !

GNAFRON

Ben oui, n'empêche qu'y nous a bien traités d'agnostiques, j'ai bien retenu tout ça, j'avais pas la berlue.

GUIGNOL

Alors, que lui as-tu rebriqué?

GNAFRON

D'abord, je suis resté tout couâme pasque y faut te dire que je sais pas ce que ça veut dire, pis, pour pas avoir l'air, je me suis fâché tout rouge, lui disant que c'était terrible, à mon âge, de s'entendre traiter d'agnostique, alors qu'on a rien fait pour ça, que c'était pas des choses de dire, patali, patala, pis je me suis ensauvé, pasque j'avais peur qu'y me demande ça que c'était, te comprends, j'aurais eu l'air d'un manque d'ême.

GUIGNOL

Oui, je comprends, mais enfin, quoi don que c'est que ce machin que tu dis ?

GNAFRON

J'en sais rien, Chignol, manquablement, ça ne doit pas être quèque chose de bien joli !

GUIGNOL

Des fois, et si d'hazard, c'était un compliment ?

GNAFRON

Non, Chignol, t'imagine pas ça, ça avait plutôt l'air d'une reprochure.

GUIGNOL

Eh ben, y faut réchéflir, on trouvera pet-être ben ce que c'est en serchant de collagne.

GNAFRON

J'ai pensé par après, que c'était des fois de cochonaille, de charcuterie, quoi, car j'ai z'entendu parler des agnostiques de foie gras !

GUIGNOL

Grande bugne ! te confonds tout, le foie gras c'est des aspics, c'est pas des agnostiques, voyons !

GNAFRON

Ah bon ! je croyais, alors c'est des fois un machin de merdecin, t'as bien entendu dire que les doqueteurs y faisaient leur agnostique ?

GUIGNOL

Te sais pas ça que te bajafles, le curé sait ben qu'on se porte bien tous les deusses, je crois plutôt que c'est des fleurs (*déclamant*) : « La nuit embaumée par le parfum des agnostiques », t'as pas entendu réciter cette fable ?

GNAFRON

Jamais, Chignol, et pis le curé sait ben aussi que nous sont pas des fleurs, et pis ça serait un compliment, alors, c'est pas ça !

GUIGNOL

Alors, c'est z'une maladie de la vigne, t'as pas vu su le journal : « La récorte est perdue, rapport à z'une épidémie d'agnostiques que s'est arrapée après » !

GNAFRON (*indigné*)

Une maladie de la vigne ! ! Y m'aurait donné le nom d'une maladie de la vigne ! ! Ce serait abominable, ça me déshonorerait pour le restant de mes jours; le curé n'est pas capable de ça, et pis, vois-tu, la vigne, elle a assez de maladies comme ça, pas la peine de lui en donner une de plus !

GUIGNOL

Alors, on sait pas ce que c'est, quoi, il aurait mieux fait de nous traiter de caquenanos, on aurait compris, pas vrai ?

GNAFRON

Et si des fois c'était z'une bête? Te sais ben, ces petites mouches que vous piquent et que vous font devenir enfle, des cousins, quoi, querque chose comme ça !

GUIGNOL

Des moustiques, que tu veux dire, mais non, nous piquons personne, nous autres.

GNAFRON

Autant dire qu'on y saura jamais, mais quand même qu'on sait pas ce que c'est, c'est malheureux tout de même de s'entendre traiter d'agnostique par du monde qui le sont censément plus que nous !

10 septembre 1927.

Le Troupeau du Ralliement

Par une belle matinée de printemps, Guignol et Gnafron suivent le chemin de Choulans ; arrivés dans son milieu, ils croisent un immense troupeau de moutons, brebis, agneaux et même béliers cornus qui descendent en se bousculant et bêlant, conduits, à la grande stupéfaction de nos deux amis, par Mme Marianne République en personne, aidée dans la circonstance par le jeune communiste, son dernier né, lequel gesticule et hurle autour du troupeau, avec toute la grâce d'un inquiétant voyou russo-asiatique.

GUIGNOL (*s'arrêtant*)

Ben Mame Marianne ! vous voilà passée bergère au jour d'aujourd'hui, on pourra ben dire qu'on aura tout vu !

MARIANNE (*minaudant*)

Mais z'oui, Messieurs, n'est-ce pas que ça me va bien ? Y me manque plus qu'une z'houlette, ma chouère !

GNAFRON

Votre mami en a ben une, et c'est censément une bonne trique !

GUIGNOL

Mais quoi don que vous arrive, Mame Marianne, de charrier toutes ces pauvres bêtes, vous venez du marché de Vaise, sont-elles à vous ?

MARIANNE

Bien entendu qu'elles sont à moi, c'est un beau cadeau qu'on vient de me faire, tel que vous le voyez, c'est le troupeau du ralliement ! rien que ça !

GNAFRON

Et qui don que vous a fait ce beau cadeau, mame République ?

MARIANNE

C'est un grand personnage, je vais vous dire son nom à l'oreille (*elle se penche et chuchotte un nom à l'oreille des deux amis*).

GUIGNOL et GNAFRON (*ensemble*)

Ben par exemple ! c'est pas de croire ! ah ben, elle est forte celle-là !

MARIANNE

Ah, j'ai de belles relations et on peut dire que je suis aimée pour moi-même ! (*elle minaude*).

GUIGNOL

Pour sûr... et où don que vous menez ces bestioles, elles ont l'air de bien bon command !

MARIANNE

Oh ! elles sont douces et soumises, c'est le cas de le dire, de vrais moutons ! (*elle rit*).

GNAFRON

Elles ont l'air bien vigorettes, vos brebis ; alors, vous les menez en champ ?

MARIANNE (*parlant bas*).

Pensez-vous ! je garde mes beaux pâturages pour mon troupeau d'ânes rouges qui devient plus conséquent chaque année ; je conduis ces bêtes d'abord à la tonte où on les rasera jusqu'à la peau, pis on leur passera le papier de verre pour qu'il ne leur reste pas un brin de laine sur le dos ; ensuite, en route pour l'abattoir ! Figurez-vous que j'ai fait venir de Moscou un boucher extra, le camarade Olatrine, il vous égorge un troupeau en un rien de temps !

GUIGNOL

Pauvres petites bêtes, elles se figurent pas rien ça qui les attend !

GNAFRON (*désignant un bélier*)

Pourtant y en a ben qui ont une belle paire de cornes et si y voulaient se défendre et vous poquer, y vous enverraient dinguer jusqu'en Saône !

MARIANNE

Oh, y a pas de danger ! Voyez comme ça trotte gentiment, rien que la trique de mon petit Communiste suffit à leur faire peur !

GUIGNOL

Si je me souviens bien, ça fait la deuxième fois, Mame Marianne, qu'on vous fait un cadeau pareil ?

MARIANNE

C'est juste, il y a bien longtemps, en 1892, j'ai reçu, en effet, un beau troupeau de ralliement, je n'en ai fait qu'une bouchée, mais çui-là durera encore moins que l'autre ! (*elle rit*).

GNAFRON

Pour sûr, si tous vos gones sont comme le mami qui conduit vos agneaux, ça fèra guère d'abonde, y tape comme un sourd, voyez-le faire !

MARIANNE

Ah, c'est que mon petit Communiste promet ! chaque jour il grandit davantage, le voilà presque un homme maintenant, c'est en lui que je mets toutes mes espérances, voyez-vous !

GUIGNOL

Allons, Mame Marianne, nous attendrissons pas, on vous laisse à votre exploitation agricole, à la revoyure !

MARIANNE

C'est le cas de le dire, c'est une exploitation, en grand encore ! (*elle rit*). Allons, bien le bonjour, Messieurs.

(*Le troupeau s'éloigne, trottinant et bêlant, affolé par les affreux jurons du petit Communiste qui les chasse devant lui, sous l'œil complaisant et attendri de la grosse Marianne qui s'époumonne à le suivre et devient écarlate*).

GUIGNOL (*les regardant s'éloigner, après un instant de silence*)

Qu'est-ce que t'en dis, ganache, de toute cette affaire ?

GNAFRON

Chignol, je pense comme toi que ça fait regret de voir massacrer ces pauvres bêtes du bon Dieu ! mais aussi, c'est pas permis d'être bugne à ce point, ça se jetterait dans la gueule du loup si on leur z'y demandait de le faire !

GUIGNOL

Je suis sûr que tu penses aussi comme moi, que tout par un coup, on sera encore obligés de les sauver, nous autres, et que c'est encore nous, toujours nous, qui nous mettrons entre eusses et le couteau du camarade Olatrine.

GNAFRON

Pour sûr, Chignol, ça nous pend au nez comme un sifflet de Saint-Glaude, mais nous ons tellement bon cœur, que nous sons bien capables de nous faire encore marpailler pour eusses.

25 mars 1928.

Tapisserie Moderne

Gnafron arrive chez Guignol et le trouve occupé à retapisser son atelier.

GNAFRON

Eh ben, Chignol, te vela encore à repetasser ton ateyer, tu le tapisses maintenant ! t'es ben tant devenu lusquueux ?

GUIGNOL

C'est l'occasion, j'avais si tellement de ces petits bouts de papier que je savais censément pas où les mettre, alors, comme y sont en couleur, j'ai z'eu l'idée d'en faire de la tapisserie ; je pensais qu'y en aurait que pour l'ateyer, mais j'en ai à regonfle, y en aura aussi pour la soupente.

GNAFRON

Et que don que c'est que ces bouts de papiers couleuriés ? On dirait franc des papiers d'imposture; ceusses que le percepteur envoie attenant !

GUIGNOL

C'est justement ça ! t'as mis le nez dessus, lis voir un peu, ça te distraira ; regarde çui là, ce vert, te vois: « Sommation sans frais ! unique pour l'année », ça c'est pas vrai, car y m'en ont envoyé des autres, des jaunes, des bleus et celeri et celera, n'est-ce pas, ça fait joli, ça fait bien champêtre !

GNAFRON

Pour sûr, Chignol, c'est z'une riche idée, ça fait plus joli que du papier à treize sous le rouleau ; moi ces machins-là, j'y mets aux écommuns, c'est tout ce que ça mérite !

GUIGNOL

J'y avais ben pensé, mais j'ai pas osé, par rapport à la couleur, j'avais peur que ça déteigne !

GNAFRON (*lisant les avis déjà collés*)

Ça en fait ben pour des sous, tout ce que tu as là, contre ce galandage, c'est pas Dieu possible qu'on soye écorché comme ça !

GUIGNOL

Ah c'est que la démocratie ça coûte cher, te comprends, y faut des sous pour payer les uns et les autres et tous les fonctionnaires, sans compter qu'on en fait tous les jours des nouveaux !

GNAFRON

Bien sûr, t'as ben connu le père Pétavet, qui qui vendait des clous, de ferraille, de barafutes en rue Trois Massacres, y faisait censément le clinquailler, eh ben, il a fait faillite, mais comme il avait des amis à la Mairerie, on vient de le nommer vernisseur municipable des Vorgines du Bois Noir ! c'est pas rien une mauvaise place, pas vrai !

GUIGNOL

C'est comme le Jean-Marie, te sais ben, cette pierre qu'arrappe, ce bras-neuf que serchait du travail attenant, mais qui n'en trouvait jamais, eh ben, on vient de le nommer contrôleur des graviers du Rhône, un gros appointement, une retraite et tout le tremblement ! Maintenant y s'habille chez Crémieu, on dirait franc un commis de ronde !

GNAFRON

C'est ben dégoûtant tout de même, Chignol, de voir des choses pareilles, on nous prend toute notre argent pour la donner à des gones que n'ont rien à faire qu'à se bambanner toute la sainte journée à nos frais, vrai, ça fait regret.

GUIGNOL

Te comprends don pas, grande bugne, que la République étant le régime de z'erlections, elle n'abonde pas à nommer des gones, inspecteurs de ci, contrôleurs de là, de les payer avec nos argents et de les faire voter pour eusses, comme ça, c'est tout bénéfice, c'est le monde que veulent pas la République que paient le plus cher pour qu'elle puisse vivre et continuer à nous emboconner !

GNAFRON

En attendant, Chignol, t'as une tapisserie que te revient chère, septante six francs, ce petit bout de papier vert; nonante deux, ce jaune là à côté; pour ce prix là t'aurais z'eu une tapisserie brodée tramée argent et or, acque des fleurs de pissenlit aussi grosses que des soleils !

GUIGNOL

Voui, mais ça n'aurait pas fait ce t'effet, regarde voir ma soupente, les bardanes sauront plus où mettre les pattes, ça leur fera tourner la tête !

GNAFRON

Sans compter que tu pourras t'amuser à lire la nuit si t'as de s'insomnies, ça t'aura vite rendormi !

GUIGNOL

Oh ! pour endormir le monde et leur z'y prendre leur argent, c'est des gones qui sont artets, mais ça durera pas tant que la foire de Vaise, et on te les secouera sarieusement, y en aura des comptes à régler ce jour-là !

GNAFRON

J'ai mis de coin dans ma souillarde un bon gourdin acque des nœuds qu'on dirait franc un chapelet, c'est avec ça que je poserai le timbre de quittance, et çui qui le recevra sur le coquelichon, pour sûr y sera timbré comme y faut !

GUIGNOL

On aura vite liquidé la République à nous deusses, pas vrai ! Nous ons une méthode en partie double qu'est z'infaillible, et c'est pas les bons gones que nous manqueront pour nous donner la main, tout le monde seront contents d'être débarrassés de ce te charipe de Marianne !

10 juin 1928.

La dangereuse liqueur

Guignol regagne ses pénates, une fiole sous le bras, lorsqu'à l'angle de la rue du Doyenné et de l'avenue de la Bibliothèque, il tombe sur Gnafron.

GNAFRON

Comment, c'est toi, ganache, que poques le monde par les rues au risque des les faire abouser !

GUIGNOL

C'est ben plutôt toi, bugnasse, que te parcipites comme un ébravagé sans tant faire seulement attention au monde que circulent !

GNAFRON (*conciliant*)

C'est la faute à nous deusses, gongonne plus et dis-moi seulement où don que tu t'ensauves acque ce te fiole sous le bras ?

GUIGNOL

Je rentre chez moi, pardine, et pour ce qui est de la fiole en question, c'est z'un alexis qu'on vient de me donner en cadeau !

GNAFRON

C'est don ta fête, je croyais qu'elle tombait pour la Saint Jean !

GUIGNOL

Mais non, c'est le curé que je viens de rencontrer qui a voulu à toute force que je prenne ce te drogue, même qu'y veut qu'on la boive de collagne tous les deusses !

GNAFRON

Le curé s'est don mis marchand de z'aliqueurs aujourd'hui ?

GUIGNOL

Pas du tout ! mais y nous z'aime tellement, ce t'homme, qu'y veut nous soigner malgré nous ! y m'a dit : « Prenez, prenez, mon ami, et buvez cette bouteille avec votre ami Gnafron, çà vous enlèvera les humeurs malignes ! » Je m'ai cru forcé d'accepter, même que j'y ai fait bien des remerciements, mais, te sais, ça m'a l'air de saloperie !

GNAFRON

Comment don que ça s'appelle ?

GUIGNOL

C'est l'alexis démocratique qu'il y appelle ; ça se fabrique dans une usine de produits chimériques, tiens, lis su l'étiquette.

GNAFRON (*lisant*)

Usine de produits chimériques Bocherrini, à Rome. Y fait venir ça de bien loin !... ça doit pas être bon !

GUIGNOL

C'est z'une drogue, et te sais, j'ai pas envie d'y boire, je vas y jeter aux écommuns.

GNAFRON

Je crois que te feras bien, Chignol, si on buvait ça on serait emboconnés pour le restant de nos jours, j'ai connu des gones qu'y en avaient bu, et ben, ça leur a pas réussi, les uns sont devenus rouge écarlate, on aurait dit franc qu'y z'avaient la fièvre escarlatine ; les autres ça leur z'y avait censément détrancané la jugeotte, y savaient plus ce qu'y bajaflaient ; enfin, ça vous dépontèle les boyes, Chignol, faut pas boire ça !

GUIGNOL

J'en ai pas l'idée, inutile de faire des discours, et le curé est un brave homme de penser à notre santé, mais c'est pas son rayon, quand nous serons malades, on ira chez le médecin, pas vrai ?

GNAFRON

Pardine, c'est comme si j'allais acheter des os de china ou de la salade de groin d'âne chez le clinquailler !

GUIGNOL

J'avais envie de lui dire que pour tout ce qui est des choses de la religion, pour ça, nous l'écouterons attenant, mais pour quant au reste, nous aimons mieux nous adresser à des gens de métier.

GNAFRON

D'abord, un qui parle de son métier et le connaît, y a rien de dire.

GUIGNOL

Et pis, ensuite, on n'a pas d'humeur maligne, on se porte comme l'Homme de la Roche, on fait ses quatre repas, on travaille comme des massacres toute la sainte journée, on n'a pas besoin d'alexis, on laisse çà à ceux que sont patraques, pas vrai ?

GNAFRON

Bien sûr, pour quant à moi, quand je rencontrerai le curé, je lui dirai loyablement ça que je pense, je lui espliquerai qu'y faut pas qu'y se fâche si on n'a pas bu sa fiole, mais qu'il est curé et pas pharmacien et que des fois y peut se tromper pour ce qui est des alexis, et pis, pour lui faire voir que nous sons toujours amis, je lui paierai un pot de Juliénas, ça nous fera du mal ni à l'un, ni à l'autre.

GUIGNOL

Pisque t'es en train de payer à boire, te gêne pas, ganache, allons prendre un pot de Beaujolais, ça vaudra mieux que l'alexis démocratique !

1er juillet 1928.

Stabilisation

GNAFRON

Dis donc, Chignol, si des fois t'as des dûs, faut pas rien faire comme moi, je m'ai gouré en première, dans mes comptes, aussi c'est à n'y rien comprendre acque leur estabilisation.

GUIGNOL

Pourquoi don que tu t'inquiètes de ces gognandises, c'est un meli-mélo qu'une bardane y retrouverait pas ses œufs, laisse don tout ça, te feras bien mieux.

GNAFRON

Ben oui, mais enfin, le père Cognebouse que j'ai rencontré l'autre jour, m'a dit qu'après l'estabilisation, le franc y vaudrait plus que quatre sous !

GUIGNOL

Eh ben querque ça peut ben te faire ?

GNAFRON

C'est que, comme j'ai des ouches un peu partout, ce fesait bien mon affaire. Figure-toi que je devais vingt francs à l'espicier de la rue du Doyenné, alors quand j'ai z'appris qu'on avait estabilisé, je me suis dit : « Bonne affaire, vela que je vais pouvoir payer mes dûs à bon compte ! » Je suis allé chez mon espicier, et je lui ai dit : « Vela, Mecieu Lasaumure, je viens vous règler mes dûs » et je lui ai allongé quatre francs su la banque, mais vela que ce t'imb'cile m'arregarde comme si j'avais volé l'homme de la Roche, pis qu'y me rebrique : « Ça fait pas le compte, c'est vingt francs que vous me devez et non quatre ! »

J'ai cru d'abord qu'il était pas au courant, alors je lui z'ai espliqué, que depuis l'estabilisation, le franc y valait plus que quatre sous ; par conséquent, vingt francs, c'était plus que quatre francs !

Mais vela t'y pas ce t'artignol que se fache, disant que c'était de gandoises, que mon histoire tenait pas debout, et celeri et celera ; moi je m'énerve, y me pousse, je le repousse, y me poque, je le repoque, y tombe dans un bacha qu'avait de la morue dedans, il écramaille son sale poisson et il abouse une pile de boîtes de conserves en criant comme un sauvage !

Le monde se ramassent, on crie, enfin un siccoti abominable ; pour tout arrêter, j'y donne ses vingt francs et je m'ensauve, mais y comprends-tu quèque chose : le franc vaut-y quatre sous, oui z'ou non ?

GUIGNOL

Y vaut quatre sous.

GNAFRON

Alors, j'avais raison, je lui devais que quatre francs !

GUIGNOL

Mais non, tu lui devais toujours vingt francs ?

GNAFRON

Voyons, Chignol, te vas faire l'imb'cile comme ce t'espicier de malheur. Je sais encore le calcul, vingt fois quatre sous ça fait ben quatre francs.

GUIGNOL

Mais te m'embêtes acque tes quatre sous, pourquoi que tu les mets toujours au milieu de tes calculs ?

GNAFRON

Mais enfin, grande bugne, pisque le franc vaut quatre sous !

GUIGNOL

Oui, mais su le papier, pas dans la vie du monde, imb'cile, te comprends rien à la chiffre !

GNAFRON

Je comprends qu'une chose, c'est que si vingt sous en valent plus que quatre, je dois pas vingt francs, j'en dois quatre !

GUIGNOL

Te vas me détrancaner la cervelle acque ton algèbre, te m'énerves, je te dis que le franc y vaut quatre sous, et que tu dois vingt francs à ton espicier, vela tout, tire-toi de là si tu peux !

GNAFRON (*solennel*)

Chignol, je veux pas discuter plus longtemps acque toi, t'es un vieux t'ami, je veux pas te dire des choses que seraient pas de dire, mais tout ça, vois-tu, ça me paraît pas clair, c'est z'encore un tour de filou de Marianne, ce te charipe, elle en fait pas d'autres. Aussi je vas faire une chose, pour pas y perdre, je vas plus rien payer à parsonne et si le monde me réclament mon dû, j'y dirai que moi z'aussi j'estabilise !

8 juillet 1928.

TROISIÈME PARTIE

—

Les Pantins de la Démocratie

La vieille Maison Limitaide

En rue du Griffon. — Gnafron, qui a accompagné Guignol, l'attend à la porte de la Maison Limitaide, vieille et importante maison de soieries pour laquelle Guignol travaille. Après un assez long stage, Guignol arrive enfin.

GNAFRON

Que don que t'as fait chez ton fabricant, ganache, t'en finissais plus, je prenais quasiment racine à rester comme ça pique plante!

GUIGNOL

J'ai fait un brin de causette acque le fils Limitaide, un gone pas fier qu'aime bien bavarder acque les canuts que viennent rendre.

GNAFRON

Je parie qu'il a essayé de t'emberlificoter dans ses comités libéraux, c'est z'un gone qui s'occupe que d'élections, y vit quasiment d'espoir, y dépense toute son argent à préparer les bonnes élections, qu'y dit, c'est pire que la cempote d'Adélaïde, tant plus qu'on en mettait, tant plus qu'y s'en perdait, elle avait pas de fond !

GUIGNOL

C'est ben ce que je lui ai rebriqué, je lui ai même dit qu'il était comme le pêcheur myopre du quai Fulchiron, te sais ben, çui qui n'y voyait pas plus loin que le bout de son nez et qui pêchait contre la cadette sur le bas port! y pêchait à sec, mais y n'en savait rien, comme de bien entendu, y ne prenait rien mais ça ne le décourageait pas; enfin tout par un coup la Saône se met à monter, alors y prend une grolle! ça l'a tellement encouragé, cet homme, qu'il a continué de pêcher pendant des mois et des mois, dans l'idée de prendre l'autre pied et de compléter la paire!

GNAFRON

C'est du même au même, c'est du monde qu'ont d'espoir à regonfle, ça rate une fois, y se disent que dans quatre ans ça bichera et ainsi de suite, dans les siècles des siècles, quoi !... mais y n'a pas mis deux heures à te prêcher les élections, ton fabricant, que don qu'y te disait?

GUIGNOL

Rien d'autre, c'est plutôt moi qui l'ai gandoisé un peu!

GNAFRON

Comment, Chignol, t'as gandoisé ton fabricant, comment que t'as fait?

GUIGNOL

Ben oui, comme y me vantait sa bonne république libérale, ça m'avait z'un peu énervé, alors tout par un coup je lui rebrique: « Dites don, Mecieu Limitaide, qui c'est qui commande ici? » Il a fait des yeux ronds et m'a répondu: « Mais vous le savez bien, c'est Mecieu Limitaide, mon père ; du depuis bientôt cent ans, c'est ma famille qui mène la maison! » Alors, que je lui dis, quand Mecieu votre père sera défunté, ça sera vous qui serez le maître ici? — Mais bien entendu, voyons, c'est tout naturel, Mecieu Guignol! — Alors, comme on dit, vous êtes républicain pour la France, et vous appliquez chez vous la monarchie héréditaire, vous devriez laisser vos commis voter entre eusses pour savoir qui c'est qui commandera la maison tous les quatre ans!... Oh! alors, si t'avais vu,

Gnafron, il était rouge comme une dinde de Crémieu. C'est invraisemblable, qu'y disait, mais, avec un pareil système, la maison serait en faillite avant six mois. »

— Te penses ben, mon vieux, que j'ai pas laissé passer ça. Ah! elle serait en faillite, que je lui dis, vous reconnaissez que ce système serait un gachi-gachon abominable, vous le voulez pas pour chez vous, mais vous le voulez pour la France ! C'est pas bien, ça, Mecieu Limiaide, que je lui ai fait en m'en allant, j'aurais jamais cru ça de vous; y m'a pas raccompagné à la porte, y disait tout le temps: « Mais c'est pas la même chose, voyons c'est pas pareil. » On voyait bien qu'il était vesqué!

GNAFRON

Bien répondu, Chignol, te l'as mouché, ton fabricant, mais, vois-tu, c'est pas ça qui l'empêchera de préparer les bonnes élections de 1932 ou 1936, c'est du monde que sont comme ton pêcheur, ça vit d'espoir, heureusement que la République elle sera bientôt finite sans quoi on aurait eu les bonnes élections juste la veille de la fin du monde et encore c'est pas bien sûr!

10 septembre 1927.

Programme Nouveau

GUIGNOL

Vela les erlections finites, tout le monde vont discuter à n'en plus finir pour savoir qui c'est qui ont gagné le coquetier avec filet doré, pis, en définitive, ça sera toujours du pareil et la Marianne continuera son commerce attenant, le suffrage unicervelle, c'est z'une estupidité !

GNAFRON

Laisse-les don dire, ça les amuse, ces gens, de croire que ce sont eusses que gouvernent, y s'irmaginent que de mettre un nom dans une boîte ça leur donne d'ême ! le monde sont vraiment bêtes !

GUIGNOL

C'est même pire que tu peux le penser, tiens, je connais z'un gone que s'a présenté acque un programme tout neuf, rien que de la nouveauté, des inondations comme on dit.

GNAFRON

Ça Chignol, ça m'étonne, car les programmes, y sont censément les mêmes du depuis l'arche de Noé qu'a été le premier parlement pisque toutes les bêtes étaient représentées.

GUIGNOL

Tu vas juger ça, te verras, c'est de la nouveauté nouvelle, c'est le programme du parti S. F. I. L. (Section française, internationale, laxative).

GNAFRON

Quoi don que ça veut dire, laxative ?

GUIGNOL

Censément quéque chose qui vous donne la vasivite, qui vous fait aller aux écommuns.

GNAFRON

Alors, Chignol, c'est déjà pas du nouveau, car tous les sorcialistes nous font déjà ce t'effet, pas vrai ?

GUIGNOL

Oui, c'est sûr, mais le programme est nouveau, juges-en. *(Lisant)* : « Primo. — Large diffusion de l'hémiplégie dans les classes laborieuses ».

GNAFRON

Ça, Chignol, c'est bien sorcialisse, ça a un petit air démocrassouillard que doit plaire au monde, je sais pas qui c'est, l'ami plégie, mais je vois pas d'inconvénient à ce que tout le monde en profite, continue.

GUIGNOL

Deussio : Laïcisation intégrale des céphalopodes.

GNAFRON

Ça, Chignol, ça peut pas nous toucher, on est de z'agnostiques, mais pas des céphalopodes, on peut pas être trente-six bêtes à la fois !

GUIGNOL

Troisio : Vulgarisation de la viticulture au Groënland !

GNAFRON

Bravo ! Ça c'est parfait, y aura jamais assez de vinasse sur cette pauvre terre !

GUIGNOL

Quatresio :Désinfection annuelle de l'O.-T.-L. (*Dirigeants, employés, matériel*).

GNAFRON

Pour sûr, c'est z'utile, mais, du temps qu'y y était,

ton sorcialiste laxatif S. F. I. L. aurait ben dû mettre tous les mois, au lieur de tous les ans, ça n'aurait pas rien été de trop !

GUIGNOL

Cinquio : Application de la journée de huit heures aux nourrices !

GNAFRON

Je comprends, Chignol, les petits mamis posseront pendant huit heures, dormiront huit heures et couineront huit heures, ce dernier patagraphe est pas rien bien champêtre pour les parents !

GUIGNOL

Tant pire pour eusses, je continue. Sizio : Organisation d'une équipe sportive au dépôt d'Albigny.

GNAFRON

Je vois pas bien ces pauvres vieux courater après un ballon et faire du fout ta balle ! ça les dépontelerait à cha dix à la fois et la partie serait d'abord finite.

GUIGNOL

Septio : Etablissement d'un cours de catéchisme de persévérance à l'usage des instituteurs laïcs !

GNAFRON

Y vont z'en faire une gobille ! ces gones, je voudrais voir ce coup d'œil !

GUIGNOL

C'est z'un coup à les faire crevogner ! mais je continue. — Huitio : Etablissement d'un impôt sur les revenants, lequel sera payé par les propriétaires de châteaux en ruines, manoirs, maisons hantées, souillardes et cagibis !

GNAFRON

J'en connais plus d'un dans le cintième que va gongonner de cet impôt, surtout si on compte comme revenants les bardannes que reviennent tous les étés !

GUIGNOL

Dis don pas de gognandises ! je continue z'encore, c'est pas fini. — Neuzio : Abrogation totale du rein flottant !

GNAFRON

Ben, c'est les patrons de plate que vont en faire une tête en pierre de gobille, eusses qu'ont les reins sur l'eau attenant !

GUIGNOL

Enfin dizio et dernier : Etablissement du monopole de la gale au profit de l'Etat, y aura que la République qu'aura droit de la donner au monde !

GNAFRON

Ça, Chignol, c'est du réchauffé, c'est déjà fait du depuis longtemps, y a ben quasiment rien que Marianne que nous embocone, à part les boches !

GUIGNOL

Te vois, rien que de la nouveauté, aussi mon S. F. I. L. a eu un gros succès.

GNAFRON

Parions qu'il a pas seulement t'été z'élu !

GUIGNOL

C'est ce qui te trompe, ganache, il a z'été élu à l'unanimité plus cinquante-huit voix !

GNAFRON

Mais l'unanimité, ça veut dire tout le monde ! Alors quoi don que c'est que les cinquante-huit gones que z'ont voté en plus ?

GUIGNOL

Te sais ben qu'en République les morts votent quand y a de besoin, c'est sans doute cinquante-huit gones du cemitière que se sont dérangés esqueprès !

Gnafron (*convaincu*)

Te m'en diras tant ! N'empêche que tout ça c'est estupide, ce suffrage unicervelle c'est z'une bourdifaille pire que Charabara, c'est comme au jeu de qui net, c'est çui que tape le plus fort que gagne, eh ben, moi je te dis, Chignol, qu'on gagnera à ce jeu, nous autres, mais pas comme ils s'imaginent mais z'avec une bonne trique pleine de nœuds, pas vrai ! et on aura d'abord fait de vider le palais Bourbeux !

10 mai 1928.

Coalition

Gnafron

Oh ! quoi don que t'as, mon pauvre Chignol, t'as l'air tout ablagé, tout marcouré, c'est-y que t'aurais rencontré ton porpiétaire ? c'est du monde avec qui y fait pas bon faire !

Guignol

Mais non, ganache ! c'est rien de tout ça, seurement je réfléchis, je suis en réfléchissance !

Gnafron

Et c'est ça que te rend tout bête, tout patet, qu'on dirait franc une patte à relaver !

Guignol

Y a ben de quoi, quand on pense que nous ons tout le monde contre nous !

Gnafron

Nous ons tout le monde contre nous, ça fait pas beaucoup d'affaires tout ça, et pis y en a-t-y, vraiment tant que ça ?

Guignol

Ben plus encore, tiens, on va les compter à cha un, te vas voir !

Primo : d'abord les démocrates crétins, les vieilles barbes du radicalisme, les gobe-lune sorcialisses, les traîtres communisses !

Gnafron

C'est tout de rafataille que vaut pas cher !

Guignol

Pardine, bien sûr, n'empêche qu'y a encore, les

avale-gandoises du libéralisme, les nouilles cléricales, les idiots de l'anticléricalisme, les criminels de l'antipatriotisme, les sauvages de l'antimilitarisme, les cognemous du centre, les ébravagés de la gauche, les têtes creuses de la flamassonnerie, les foireux du pacifisme, les caquenanos du « Sillon », les avale-tout-cru de l'anarchie, ça fait déjà ben du monde, tout ça !

GNAFRON

Ça fait surtout beaucoup d'imb'ciles, mais t'en as oublié !

GUIGNOL

Te crois que j'en ai sauté ?

GNAFRON

Bien sûr, tiens, et ceux-là : les bedeaux, les bois-secoue, les demoiselles du chœur de chant, les catolles, les facteurs, les bras neufs, les gandous, les juges, les instituteurs ?

Et pis toute la laïquaille laïquaillante, toute la racaille révolutionnaire, la clincaille internationaliste, la saloperie de monde qu'ont des noms à coucher dehors, pis la juivasserie, la finance internationable, les gratte-quibus du monde entier, toutes les équevilles de la démocrassouille, les gribouillons, les espions, les traîtres, les faux-témoins, toute la varmine que gesticule sur le fumier républicain ! te vois ben, que t'en avais oublié un vrai cuchon !

GUIGNOL

Ben, te vois ! nous ons tout ce monde après nous, y s'entendent comme larrons en foire pour tâcher de nous écramailler tant que dure-dure, et ce qui fait regret, c'est que dans tout ça, y a du bon monde sûrement, seurement on leur z'y a dit que nous sons des agnostiques et y z'y croient !

GNAFRON

N'empêche que tous ces gones réunis nous couperont pas le sifflet, y z'auront beau crier « Vive la République ! » nous crierons encore plus fort qu'eusses « Vive le Roi ! »

GUIGNOL

Bien sûr ! mais c'est quand même canulant de voir des choses pareilles, y a de quoi se tourner les sangs !

GNAFRON

T'as ben du temps de reste de te bouliguer pour ça, au jour du grand règlement de comptes, ça sera, à l'incontraire, plus facile, on aura qu'à taper dans le tas, sans crainte de faire un pied-failli et de cabosser un ami.

GUIGNOL

C'est justement ça qui te trompe, car lorsque le Roi sera revenu, y seront tous plus royalistes que nous autres et y nous crieront après, en disant que nous sons pas des bons, pas des purs, et en fin finable, y nous traiteront d'agnostiques !

GNAFRON (*exaspéré*)

Alors on pourra don jamais savoir ça que c'est ? On pourra don jamais se débarrasser de ce nom et y faudra rester agnostique le restant de ses jours ?

Eh ben moi, j'en ai assez Chignol, je veux plus qu'on m'appelle comme ça ! je vais me faire désagnostiquer, acque de la potasse, du fumant et des cristaux, chez un dégraisseur, tout ce qu'y faudra, j'y ferai et par après, le premier qui me traitera d'agnostique, je l'abonnerai de force à la *Vie Catholique*, tant pire s'il en crève !

9 septembre 1928.

Le Drame Poldève

GUIGNOL

Tiens, velà, Mecieu Choufleur, le dépoté que s'amène ; il a une tête de *dies iræ*, parions qu'il a de z'embiernes acque ses électeurs.

GNAFRON

Ou ben des fois qu'y voit le temps que passe, et que la fin de son mandat sera d'abord là, y voudrait y mettre une apponse comme pour les conseillers municipaux.

GUIGNOL

On peut toujours se faire offrir un pot de beaujolais, histoire de causer ensemble, on verra ça qu'il a dans la bredouille.

GNAFRON

C'est z'une idée, Chignol, justement je me pensais que j'avais soif, et ce gone que gagne gros d'argent arrive comme mars en calèche !

GUIGNOL (*abordant poliment M. Choufleur*)

Mecieu le dépoté, on vous salue bien, c'est-y que vous avez de bicêtres que vous vous bambannez censément aussi gai que la porte de Roanne ?

M. CHOUFLEUR

Ah c'est vous ! vous me surprenez dans de sombres réflexions ; parfois je désespère de l'humanité.

GNAFRON

Vous allez nous raconter ça qui vous sigrolle, Mecieu

Choufleur, mais ici, su ce te place c'est caffi de courants d'air, ça vous souffle de partout à la fois, c'est bon pour attraper mal, pas vrai ?

M. Choufleur

Rien n'est plus exact, aussi permettez-moi de vous offrir une bouteille, nous serons mieux pour causer.

Guignol

C'est pas de refus, Mecieu le dépoté, comme d'hasard Gnafron a soif, et moi, je suis censément sec comme d'amadou !

(*Ils entrent au café et s'installent*).

M. Choufleur

Je vous disais tout à l'heure que parfois je désespérais de l'humanité, en plein vingtième siècle, assister encore à des massacres, c'est révoltant !

Gnafron

Vous avez ben raison, Mecieu Choufleur, c'est t'honteux de tuer de bons gones comme Guiraud, à Pons, sans compter les autres !

M. Choufleur (*gêné*)

Je ne parle pas de cela, c'est pis encore. Je viens de recevoir un déchirant appel des Poldèves !

Guignol

Quoi don que c'est que les Poldèves, c'est-y des alégumes ou des champignons vernéneux ?

M. Choufleur (*avec suffisance*)

Comment, vous ignorez le brave peuple Poldève ? on voit bien que vous ne sortez pas des Ecoles laïques !

Gnafron

Non, c'est vrai, nous sons encore z'été chez les Frères, mais y a longtemps et, du depuis, on a z'un peu oublié son arithmétique !

M. Choufleur

Qu'importe ! je viens de recevoir de MM. Lyneczi Stantoff et Lamidaeff, une lettre me donnant des détails navrants sur les massacres qui viennent d'ensanglanter la nation Poldève ! et mon cœur se serre en songeant à ces malheureux, aussi je vais répondre une lettre de chaude sympathie ; le parti S. F. I. O. est toujours à l'avant-garde de l'humanité !

Guignol

Vous allez écrire aussi au Mexique, où on écramaille les catholiques attenant, c'est z'encore plus pire que les Poldèves !

M. Choufleur

Heu, heu, ce n'est pas la même chose, les Poldèves sont des Européens, des amis, des voisins

Gnafron

Où don qu'y z'habitent, ces gones, ça serait y des fois par là du côté de Condrieu, ou ben franc en Dauphiné ?

M. Choufleur

Mais non, mais non ! tout le monde sait où se trouve la Poldévie, voyons, c'est enfantin !...

Guignol

Bien sûr, nous doutons pas une seule minute, Mecieu le dépoté, que vous savez où ça se trouve ; alors vous allez écrire à ce mami pour le consoler ? le connaissez-vous un peu ? Des fois, vous l'avez vu.

M. Choufleur (*embarrassé*)

Je ne connais pas personnellement M. Lyneczi Stanoff, mais j'ai beaucoup entendu parler de lui, c'est un homme très connu, une figure européenne !

GNAFRON

Moi, y me semble que je connais l'autre, çui dont vous avez parlé t'a l'heure, savez ben, Lamidaeff, z'un nom que me dit querque chose.

M. CHOUFLEUR (*suffisant*)

Cela m'étonnerait beaucoup, ces Messieurs ne sont jamais venus à Lyon ; tenez il y a un détail odieux dans la lettre que j'ai là. M. Stantoff se plaint que l'évêque Poldève n'a rien fait, et n'a pas élevé une seule protestation en face de ces massacres barbares et écœurants ; rien ne m'étonne de ces gens-là, le cléricalisme doit être écrasé !

GUIGNOL

Vous savez pas si vos Poldèves étaient pas des agnostiques ! Si l'évêque n'a rien dit, c'est ben qu'il n'avait rien à dire !

M. CHOUFLEUR

Oh je sais bien ! malgré les rigueurs dont vous êtes les victimes, vous défendrez toujours la religion et ses ministres, tant mieux si cela vous plaît d'être crossés; en ce qui me concerne, mon cœur est avec la nation Poldève persécutée par les fascistes et les hobereaux !

GNAFRON

Vous pouvez rester acque les Poldèves tant que vous voudrez, Mecieu Choufleur, mais nous autres, nous sons catholiques et si on nous asticote, c'est notre affaire, nous sons assez grands garçons pour nous z'arranger, pas vrai ?

GUIGNOL

Pardine ! Manquablement, mais laissez nous vous dire, Mecieu le Dépoté, que votre cœur si charitable n'est ouvert que pour les étrangers, les Français vous intéressent pas !

M. Choufleur (*assez sec*)

Allons, je vois que nous ne serons jamais d'accord, inutile de prolonger une discussion oiseuse ; je vais de ce pas répondre à ce pauvre Stantoff, que mon cœur est avec la noble nation Poldève ; adieu Messieurs. (*Il paie et s'en va*).

Gnafron

Il a l'air vesqué, le poldève ! en voilà un gone que s'emballe vite ! il est tout feu tout flamme pour des mamis qu'on sait pas seulement si y existent !

Guignol

Mais non, y n'existent pas, ganache ! pas plus que le secrétaire qui s'appelle l'inexistantoff ! quoi don qu'y faut penser d'un dépoté que sait pas sa géographie et qui serche même pas à la savoir en arregardant su un livre où se trouve la Poldévie !

Gnafron

Y faut penser, Chignol, que c'est tout de z'imb'ciles et des caquenanos que font leur travail à la bouzille-moi-ça et que pensent qu'à gagner des argents en nous faisant prendre patience acque de gognandises ! Voilà ce qui faut en penser !

Guignol

T'as raison, ganache ! te parles comme un livre, mais ce massacre de Poldèves m'a donné une soif épouvantable, faut arroser ça, pas vrai ?

Gnafron

Chignol, tu as z'a toi tout seul plus d'ême que tous les dépotés réunis, c'est ça, on va boire à la santé de Lamidaeff !

21 avril 1929.

Réunion Electorale

GUIGNOL

Où don que t'étais, hier au soir, ganache, je t'ai serché dans tous les comptoirs, et tu es resté aussi introuvable qu'un poldève ?

GNAFRON

Hier au soir, Chignol, j'ai z'été voir jouer une pièce de thiâtre que m'a fait gondiveler, j'ai tant ri que j'en ai eu le loquet toute la sainte nuit !

GUIGNOL

C'était z'aux Célestins ? je croyais pas que c'était si canant que ça !

GNAFRON

Non Chignol, c'était pas aux Célestins, mes moyens ne me permettent pas d'aller z'entendre de la grande Opéra, c'était dans un café de la Guillotière.

GUIGNOL

Comment ? Y avait des artisses que jouaient dans un café, c'étaient censément des bohémiens ?

GNAFRON

Pire que ça, Chignol, c'était z'une réunion électorable, tout le monde se sont engueulés, qu'on aurait dit franc la foire de Saint-Syphorien !

GUIGNOL

Et toi, quoi don que tu fesais dans ce te bourdifaille ?

GNAFRON

Je suis allé pour arregarder la pièce, et je t'assure que ça en valait la peine, te sais !

GUIGNOL

Raconte-moi ça, ça doit être intéressant pire que le feuilleton du *Nouvelliste !*

GNAFRON

Je veux bien, Chignol, mais, te sais, de parler pique plante dans la rue, à travers les courants d'air, ça me dépontèle le corgnolon, paie moi un pot de beaujolais, qu'on soye au moins à l'abri du vent chanin.

GUIGNOL

T'as un moteur à vinasse, ganache ! si on l'arrose pas, y tourne pas, t'esse pire qu'un mami au biberon !

GNAFRON

Chignol, le monde sont comme les machines, si on met rien dedans, ça marche plus !

(Ils entrent dans un café et s'installent).

GUIGNOL

Maintenant, grande bugne, t'as plus de prétexte, pour te taire ; je t'écoute à bride abattue !

GNAFRON

Voilà, Chignol, j'avais su qu'il y avait, à la Guillotière, une réunion électorable, ousqu' Herriot viendrait bajafler, je me suis pensé que ça serait une distraction pas chère et j'y suis allé en me bambannant.

GUIGNOL

T'aurais ben pu m'avertir, on y serait z'allé de collagne !

GNAFRON

Impossible, Chignol, si j'avais été te sercher, Madelon m'aurait graffigné en disant que je te dérangeais !

GUIGNOL

C'est bon, serche pas des excuses ; je te pardonne pour ce coup-ci et continue ton histoire.

GNAFRON

Quand je suis arrivé, la salle était caffie de monde, et y avait une fumée qu'on se serait dit sous le tunnel de Saint-Irénée, je m'installe quand même dans un coin, acque une bouteille.

Au bout d'un bon moment, vela des gones que s'amènent su l'estrade, un gros est nommé parsident, j'aurais pas voulu être à sa place, on lui a donné une carafe pleine d'eau ! te me vois pas, Chignol, obligé d'avaler ça ? J'en aurais eu d'abord le gorgosson !

GUIGNOL

Il était pas forcé de la boire, imb'cile, on met toujours une carafe, c'est la règle du jeu !

GNAFRON

Alors, Chignol, je serais jamais parsident !.. au bout d'un moment un gone se lève, un grand gallavard qu'avait dû se peigner acque un lance-pierre, tant il était ébouriffé, y se met à dire que le citoillien Herriot était retenu ailleurs et qu'y viendrait pas !... Alors, Chignol, le monde ont commencé d'hurler, les une disaient « Vive Herriot ! » les autres « à bas Herriot ! », un vrai charabara, quoi, le parsident tape acque son poing su la table, et y dit qu'y donne la parole au citoillien Ballot pour exposer son programme.

Le monde recommencent à z'hurler, enfin ça s'arrête un peu et mon Ballot se lève pour bajafler.

GUIGNOL

A quoi y ressemblait ce gone ? J'en connais un de ce nom-là que demeure au bout du quai.

GNAFRON

C'est pas le même, çui-là y reste par là-bas vers la Part-Dieu ! Je continue..., voilà don mon gone que commence à dire qu'il est républicain du depuis avant le déluge, que chez lui tout le monde sont républicains, même le miron ! On applaudit..., mais par après, comme y disait qu'Herriot avait fait les Abattoirs de La Mouche en allant à l'économie et que c'était pour y mettre les malades pauvres et pis qu'il avait fait aussi l'Hôpital de Grange-Blanche pour les bestiaux et que ça n'avait coûté aux Lyonnais que septante huit francs trente, que le restant de l'argent avait z'été donné par les Américains et le gouvernement, voilà un petit raboulet que se lève dans la salle et que crie : « C'est pas vrai ! »

Si tu avais vu, Chignol, le sicoti que ça a fait ! on criait, on se tiripillait dans tous les coins ; on s'y reconnaissait plus ; y avait de z'imb'ciles que mélangeaient tout, et qui disaient que la piscine ne coûterait que treize sous et Grange-Blanche quatre francs cinquante, des autres que parlaient de millions de milliasses, qui z'hurlaient et disaient que les Lyonnais étaient censément ruinés, et patali et patala !

GUIGNOL

Et les gones qu'étaient su l'estrade quoi don y faisaient pendant cette chamaillure ?

GNAFRON

Y restaient tout couâmes en fesant des signaux acque les bras, pour faire taire le monde, ah ouatte ! ça continuait de plus pire ; enfin, y a eu un gone qu'a crié « Vive Augagneur ! » Alors pauvre ami, si tu avais vu ! Y lui sont tous tombés dessus à grands coups de grollons, mais le gone se laissait pas faire ! Y répondait attenant ; même qu'un gros petras qu'essayait de l'estrangouiller en lui serrant le corgnolon a reçu un coup de grollon dans la bredouille que ça l'a envoyé dinguer en fesant des yeux comme de gobilles ! D'autres gones, au fond du café, sont venus au secours de çui qu'on voulait assommer, ce qui fait qu'au bout d'un moment c'était une batture générale, y avait de quoi rire, Chignol, dans mon coin, je me fesais de bosse sans rien dire à parsonne.

GUIGNOL

Alors t'es resté là au milieu de ce te congrégation de monde que se calottaient, sans rien faire ?

GNAFRON

J'arregardais, Chignol, seulement ça s'est gâté, y en a un qui a jeté un tabouret qu'est venu tomber franc su ma table, ça a cassé ma bouteille, alors Chignol, moi qui demandais rien à parsonne ça m'a retourné les sanques et mis dans tous mes états. J'ai pris le tabouret et l'ai envoyé en plein su le parsident, ça a tout écramaillé sur sa table, la carafe, pis le reste, alors, du depuis de ce moment, ça a été tout à fait champêtre, on se jetait tout par la figure, les chaises, les bouteilles, les verres, et pis ça gueulait ! fallait entendre ça !

GUIGNOL

C'était le moment de t'ensauver, ganache, ça servait de rien de rester là dedans.

GNAFRON

C'est ben ça que j'ai fait, mais en m'en allant, j'ai fermé l'électricité, je me suis pensé que, dans le noir, y s'assommeraient tous les uns les autres et que ça serait toujours ça de moins !

GUIGNOL

T'aurais dû fermer le café, mettre les volets et poser dessus un écriteau pour avertir le monde : « Fermé pour cause de suffrage universel ! »

28 avril 1929.

Les Anes Rouges

GUIGNOL

Te vela, vieille noix ! te tombes à pic, te vas m'aider à retrouver mon compte, je suis en déficit et ça m'embringue !

GNAFRON

Chignol, te sais que je suis à ta disposition, mais tu sais aussi bien que du depuis l'Ecole j'ai z'un peu oublié l'algèbre !

GUIGNOL

Pas besoin de ton algèbre, ganache ! Y me manque des bestiaux et je sais pas où don qu'y z'ont du passer !

GNAFRON

Alors, te vela passé, parlant par respect, marchand de cayons ! T'as raison, Chignol, ça gagne plus que la canuserie !

GUIGNOL

Tu n'y es pas, bugnasse ! Je suis pas marchand de cayons, mais du depuis des années, je m'amuse à compter les ânes rouges de mon troupeau, eh ben, ce t'année, y m'en manque deux cent soixante huit ! ! !

GNAFRON

T'as des ânes rouges, Chignol ? Je te savais pas si riche !

GUIGNOL

J'appelle comme ça les flamassons du 1er arrondissement ! Ça me distrait de compter ceusses que votent pour l'Herriot et z'aussi pour sa pipe ! En dix-neuf cent vingt-cinq, j'en avais cinq mille neuf cents, bien rouges, bien ânes, bien flamassons, eh ben, ce t'année, en les comptant dimanche, a cha un, y en avait plus que cinq mille six cent trente deux bien pesés ! ça fait pas mon compte, je suis t'en déchet, te comprends !

GNAFRON

Des fois y z'ont crevé ? Y a eu petêtre une erpidemie de fièvre affreuse, ça dépontèle les bestiaux, te sais ?

GUIGNOL

Jamais de la vie ! Y peut pas m'en être crevé autant, ça serait un vrai massacre !

GNAFRON

D'abord, es-tu bien sûr qu'y t'en manque ? T'as petêtre mal compté !

GUIGNOL

Impossible ; voyons, fais l'opération ; si de cinq mille neuf cents j'ôte cinq mille six cent trente deux, y me reste deux cent soixante huit !

GNAFRON

Eh ben, si te reste deux cent soixante-huit, y sont pas pardus, pisqu'y te restent !

GUIGNOL

T'es bugne a faire cuire les yeux ! te comprends rien, te sais don plus ça que c'est z'une soustraction ?

GNAFRON

Chignol, si tu te rappelles, à l'Ecole, quand j'étais petit gone, j'ai jamais eu qu'un accessit de géographie, un coup qu'on avait demandé de nommer les îles de l'Europe, alors moi j'en ai dit deusses : l'Ile-Barbe et l'Ile de la Pape ! ! Comme les autres les avaient z'oubliées, on m'a donné un accessit que mes parents ont fait relier acque un cadre de picarlats à bande dorée que tu pourras voir sur ma souspente acque mon tableau de première Communion ! Mais, pour ce qui est de la chiffre, ça me cassait la tête ! !

GUIGNOL

Pas besoin de faire tant d'histoires pour me dire que t'es aussi fort en calcul que le cocodrille de l'Hôtel-Dieu ; enfin, ça n'empêche pas qu'y me manque deux cent soixante huit flammassons au premier arrondissement et que je me demande ce qu'y sont devenus ! J'ai pas mon compte ! !

GNAFRON

Des fois t'as pas bien cherché, en baliant sous les meubles, te les retrouveras petêtre ?

GUIGNOL

Ah ouatte ! ! J'ai serché dans toute la Grand'Côte, en rue des Tables-Glaudiennes, enfin partout ! y z'ont disparu ! !

GNAFRON

Des fois y se seront ensauvés, y z'ont des fois voté pour un autre gone ?

GUIGNOL

C'est ben ça que je me dis ! Et si ça continue, a cha peu, y restera plus de flamassons dans le premier ! Ça serait dommage, pense don, un si beau troupeau d'ânes rouges, on voit pas rien un coup d'œil pareil ailleurs !

GNAFRON

Pour ça, Chignol, t'as raison, et le premier arrondissement sans flamassons, ça serait quasiment pire que la Grand Côte sans bardanes et sans cafards ! ! Ça serait plus Lyon, quoi ! !

GUIGNOL

C'est canulant tout de même de pas savoir ousqu'ont passé ces imb'ciles !

GNAFRON

Y t'en reste ben une jolie congrégation quand même,

Chignol, cinq mille six cent deux bourriques bien rouges, ça fait ben un joli troupeau, tout de même ! !

GUIGNOL

Je dis pas non !... N'empêche qu'au lieur de multiplier, y diminuent à cha peu !

GNAFRON

Que veux-tu, Chignol, c'est des fois l'odeur de la pipe que les bouligue ! Y a des bêtes qu'aiment pas ça et l'Herriot y garde sa pipe même pour dormir, c'est z'un genre qu'y se donne, y pense que ça fait démocratique et champêtre ! ! !

GUIGNOL

C'est comme ses poignées de mains ! Il abonde pas d'en distribuer à tous les gones qu'y rencontre, il en a si tellement pris l'habitude que, l'autre jour, en passant devant un magasin de vêtements, il a tendu la main à une poutrône qu'avait un complet tout neuf et qui était en beau devant su le trottoir pour faire venir le monde ; bien entendu, l'autre qui était en bois, est resté inodore et raide comme un passe-lacet, l'Herriot est parti tout couâme ! ! !

GNAFRON

Ce coup-ci, le vela renommé pour six ans, y va ben faire finir le monument aux Morts. Douze ans bientôt que la guerre est finite et une ville comme Lyon n'a pas encore son monument pour les braves gones que se font bousiller à la guerre ! C'est t'honteux !

GUIGNOL

Ça, ganache, ça l'intéresse pas ! Ces gones votent plus, y a plus à les ménager et pis l'Herriot est pour la paix ; ceux qui se sont fait tuer ont tort maintenant, tant pire pour eusses, y sont pas pressés d'avoir leur monument !

GNAFRON

Vois-tu, Chignol, c'est bien malheureux que le monde y voyent pas plus clair et votent pour un artignol comme l'Herriot, mais y a une chose que doit nous consoler tous les deusses, toi d'avoir perdu deux cent soixante huit ânes rouges, moi de voir à l'Hôtel de Ville un gone qu'est pas seulement de Lyon, qui vient du Nord, enfin qu'est pas de chez nous, quoi !

GUIGNOL

Dis voir ta consolation, ganache, parions que c'est z'une gandoise !

GNAFRON

Non, Chignol, rien n'est plus sarieux ; eh ben, c'est qu'en même temps que l'Herriot de la pipe et de Grange-Blanche, on a nommé un brave homme, un bon gone, un vrai yonnais, et qu'à l'Hôtel de Ville, Lyon aura un bon défenseur ! ! !

GUIGNOL

C'est vrai ! J'avais pas pensé à lui ! T'as raison, çui là, c'est pas un manque d'ême, ni un ébravagé comme les autres ; mais, vois-tu, faut pas dire son nom, pace que, quand même qu'y n'a pas les mêmes idées que nous, nous l'estimons pace que c'est z'un vrai mami de Lyon ; mais, si ses collègues le savaient, y sont tellement bêtes que manquablement, y lui feraient mauvaise grâce ; en République, un brave homme est toujours suspect ! ! !

12 mai 1929.

14 Juillet

Le matin du 14 juillet, dans un café du quartier Saint-Georges ; au dehors, la chaleur croissante incite davantage à prendre des boissons fraîches que la Bastille ; aussi, de nombreux citoyens discutent-ils sous les banderolles de papier, avec une animation qui met en danger la verroterie qui brandigolle sur les tables poisseuses. Guignol et Gnafron, altérés, pénètrent dans l'établissement.

GUIGNOL

Tant pire qu'il y ait tant de monde ! Tant pire qu'on soye sûrement acque des imb'ciles ! Tant pire que le patron soye S. F. I. O. ! J'ai trop soif, on peut plus attendre davantage, pas vrai, ganache ?

GNAFRON (*s'installant à une table*)

Chignol, te parles comme un livre ! Acque une température ambiante comme celle d'aujourd'hui, y faut boire, boire à regonfle, pour se désarraper la langue d'acque les joues ; je me sens le corgnolon censément aussi poussiéreux que les bêtes empaillées du musée Guimet !

GUIGNOL

On va d'abord commencer par un bon pot de beaujolais, histoire de terminer la récorte de l'an dernier et pour faire de la place pour celle qui vient !

GNAFRON

Oui, pace que, vois-tu, Chignol, toutes leurs saloperies d'apéritifs, c'est bon rien que pour emboconner le monde. J'ai connu un gone à qui ça a donné un delirium tellement mince qu'il en est mort par après en un rien de temps !

GUIGNOL

T'es comme moi, je sors pas de la vinasse ; les drogues, vois-tu, c'est rien que de sampillerie et ça vous met censément z'une incendie dans les bôyes ! *(A ce moment, un des nombreux consommateurs discutant dans le café, élève la voix et affirme) :*

LE CONSOMMATEUR INSTRUIT. — C'est comme je vous le dis, on a trouvé dans la Bastille des ouvriers qui y étaient enfermés depuis leur naissance, et même un pauvre cul-de-jatte enchaîné par les jambes au point de ne pouvoir se tenir debout !

LE CHOEUR DES CONSOMMATEURS

C'est affreux, c'est z'épouvantable,
Nous sommes tous consternés,
Ça nous fait frissonner le râble,
Le jour de gloire est arrivé !

GNAFRON *(bas à Chignol)*

T'as entendu ce t'imb'cile, ça qui raconte ? Ça fait suer la volaille d'entendre de gandoises pareilles !

GUIGNOL *(bas à Gnafron)*

Tais-toi, ganache ! Ecoute voir encore les gognandises qu'y va dire !

LE CONSOMMATEUR INSTRUIT. — Les enfants du peuple, condamnés par Mme de Pompadour, gémissaient dans des oubliettes obscures, dévorés par les rats et les chauves-souris !

LE CHOEUR DES CONSOMMATEURS

C'est fort heureux que nous n'ayons vécu
A cette époque sanguinaire,
Et nous entrons dans la carrière
Quand le danger n'existe plus !

GUIGNOL

Ce coup-ci, ça va plus, faut que je les interprète, ces manque d'ême !

GNAFRON

Vas-y, Chignol, j'ai des calottes plein les mains, je peux plus les retenir !

GUIGNOL (*s'adressant au consommateur instruit*)

Pardon, Mecieu vous qui avez z'assisté à la prise de la Bastille, vous pourreriez pas des fois me donner un renseignement ?

LE CONSOMMATEUR INSTRUIT

Parlez, camarade, je suis à votre entière disposition, ayant des lumières particulières sur cet événement historique !

LE CHŒUR DES CONSOMMATEURS

Ecoutons, mes frères, écoutons,
Ce qui va sortir de sa bouche.
Il éclaire tout ce qu'il touche,
Formons nos bataillons !

GUIGNOL

Eh ben, je voudrais savoir si y avait pas des fois, dans votre Bastille, un père de famille qu'on y avait z'enfermé pace qu'il a voulu rechercher les assassins de son enfant ?

GNAFRON

C'est ca même, Chignol, quoi don qu'y va répondre, le gone ?

LE CHŒUR DES CONSOMMATEURS

Il fait allusion à Daudet,
Haro ! haro ! sur le baudet !
Qu'ôn les expulse à l'impromptu
A grands coups de pieds dans... les jambes.

LE CONSOMMATEUR INSTRUIT

Je ne réponds pas à des questions oiseuses !

Gnafron (*furieux, à Guignol*)

Chignol, y nous a traités d'oiseuses ! Te vas pas laisser passer ce t'insurte sans rien dire !

Guignol

C'est pas lui que m'enquiquine, c'est le chœur, si tu veux on va z'y taper dedans !

Le Chœur des Consommateurs

Aux armes, citoyens !
C'est la lutte finale !
On va flanquer à ces crétins
Une râclée pas banale !

Gnafron

Au lieu de chanter tous en chœur, comme de z'imb'ciles, venez don voir un peu par là ça que nous ont au bout des bras, bande de piqueurs d'once !

(*Le chœur se rapproche, le consommateur instruit en tête, tout cela sous l'œil inquiet du mastroquet, fort en peine de son matériel.*)

Guignol (*nez à nez avec le Consommateur instruit*)

Vous savez pas vot' histoire de France, espèce de Jean-la-Fiarde que vous êtes, vous dites que des gognandises !

Le Consommateur instruit (*furieux*)

Et vous, sale jésuite ! vous venez braver la démocratie jusque chez elle ! (*Il gifle Guignol. Celui-ci, prompt à la riposte, aplatit une claque formidable sur la face de son agresseur.*)

Le Chœur des Consommateurs

L'heure du combat vient de sonner,
Allons, volontaires de la République,
La Carmagnole on leur fera danser,
Ainsi qu'à toute leur clique !

(A ce moment, Gnafron pénètre comme un bolide dans le groupe des consommateurs et en fait un terrible carnage, calottant l'un, bottant le derrière à l'autre ; le chœur, désemparé, bat en retraite vers la sortie ; toutefois, le patron, non payé de ses consommations et de la casse, tente d'arrêter cet exode ; un verre à bière, lancé d'une main sûre, l'atteint en plein front ; il disparaît dans les profondeurs de son arrière-boutique.)

GUIGNOL *(tapant sur le consommateur instruit)*

Et pis, t'iras dire à tes collègues que c'est z'un manchot qu'on avait z'attaché par les bras à la Bastille que t'a marpaillé le groin comme ça !

GNAFRON *(achevant la déroute du chœur)*

Allez don chanter vos barcarolles à la morgue, bande d'ébravagés, et par après ne manquez pas rien de faire la quête, pace que c'est pas nous autres que vont payer la casse !

LE CHŒUR DES CONSOMMATEURS *(dans le lointain)*

Instruits dans l'art de la guerre,
Groupons-nous, et demain,
Après avoir bien couvert nos derrières,
L'Internationale sera le genre humain !

GUIGNOL *(s'essuyant le front)*

Quand même, te diras ce que tu voudras, ganache, mais nous autres on sait s'occuper pour la fête nationale !

GNAFRON

On pourra pas dire ce te fois que les gones d'Action Française ont pas fêté la République! Nous ons repris la Bastille à nous deusses !

20 juillet 1929.

Monsieur Essefio

GNAFRON

Dis donc, Chignol, arregarde voir le père Essefio qui s'amène là devant nous su le quai, y marche la tête en bas, on dirait franc qu'il a perdu une pièce de dix sous et qu'il la serche !

GUIGNOL

Il a l'air gai comme le four crématoire ! Faut lui demander ce qu'il a.

GNAFRON (*abordant M. Essefio*)

Eh ben, Mecieu Essefio, vous avez l'air amusant comme un caveau de famille, c'est-y que vous avez pardu quelqu'un ou quelque chose ?

M. ESSEFIO (*l'air accablé*)

Non, citoyens, mais ne trouvez-vous pas naturel que je sois dans le marasme avec le ministère que nous avons ?

GUIGNOL

Quoi don qu'il a ce ministère que ça vous abouse tant ? Je vois rien qui puisse vous attrister à ce point.

M. ESSEFIO

Voyons, nous sommes en pleine réaction, nous rétrogradons, c'est un recul, c'est une honte !

GNAFRON

Pourtant, Mecieu Tardieu a fait une déclaration qui ne peut pas vous bouliguer ; il a dit qu'il maintiendrait toutes les lois de la République. Je pense que c'est rassurant pour vous et votre Saladier n'aurait pas mieux dit.

M. Essefio (*d'un air lugubre*)

Il y a trois catholiques dans le ministère !!!

Guignol

Ben oui, mais tous les autres sont censément flamassons ou quèque chose d'à peu près ; voyons, faut vous faire une raison !

Gnafron

Pardine ! Faut pas chougner à tort et à travers, réfléchissez, vous verrez que ce ministère fera comme les autres ; la République continue, allez, vous donnez pas peine pour elle !

M. Essefio

La marche vers l'horizon flamboyant du progrès démocratique est arrêtée !

Guignol

C'est pas possible de se manger les sanques d'une manière aussi estupide. Voyons, Mecieu Essefio, récapitulons ensemble : primo, vous avez Briand, qui va continuer à tout donner et à rien recevoir que des coups de pied dans le darnier, y va évacuer d'affilée et d'ici quèques mois je vous mets au défi de trouver un seul militaire en France ou ailleurs !

M. Essefio

Il est certain que la présence de Briand est, pour nous, une garantie appréciable.

Gnafron

Bon, deussio : Quand même qu'y a dans le ministère trois gones qu'ont signé un papelard pour l'abrogation des lois laïques, rien ne sera fait et ça continuera comme avant, pas vrai ?

M. Essefio

Oui, évidemment, sous ce rapport-là, il me semble difficile de revenir en arrière !

GUIGNOL

Troisio : Comme je vous y disais t'à l'heure, toutes les lois républicaines seront maintenues ; quoi don qu'y vous faut de plus ?

M. ESSEFIO

Il me faudrait Léon Blum comme Président du Conseil et Uhry à la Guerre !

GNAFRON

Uhry, ça qui lui faudrait, c'est z'une bonne cage au Parc, acque une mangeoire pleine de cacahouettes !

GUIGNOL

Quand on vous offre le pouvoir, vous n'en voulez pas, et quand ce sont les autres qui le prennent, vous gongonnez, vous savez pas ce que vous bajaflez, vous êtes rien que de barfouille-bachat !

M. ESSEFIO

Ce que nous voulons, c'est une République républicaine et sociale, marchant délibérément dans la voie du progrès démocratique.

GNAFRON

Eh ben, fallait accepter les places que vous offrait votre ami Saladier, vous en aviez pour quinze jours à être ministres, ça vous aurait occupés quand même quelque temps !

GUIGNOL

D'abord, pleurez pas si fort, on vous la mangera pas votre République, et je vous dis que c'est vous autres qui la ferez crever !

M. ESSEFIO (*indigné*)

Ah ! par exemple, c'est trop fort, nous, nous, les socialistes unifiés, derniers et suprêmes remparts de la démocratie !

GNAFRON

La République, voyez-vous, c'est z'un bocon affreux, et si la France n'en est pas morte jusqu'à maintenant, c'est qu'elle n'en a pas pris la dose entière ; mais, vous autres, acque votre système, ça serait d'abord fait, et la dose serait si tellement dégoûtante que la France finirait par dégobiller la République et on en serait débarrassé !

GUIGNOL

Voyez l'Herriot, y a quéques années, ça n'a pas traîné, il a bien manqué la faire crever, votre République !

M. ESSEFIO

Dans tous les cas, c'est pas vous autres qui la défendrez, et ce ministère doit vous contenter !

GNAFRON

Vous êtes ben comme les autres, vous comprenez rien à l'Action Française ; pour nous, Mecieu Essefio, un ministère Tardieu, acque Briand, vaut pas plus cher qu'un ministère Saladier acque Maginot, c'est tout du pareil au même, républicains démocrates et Cie, bafouillons, sorcialisses, radicables et autres mammifères, c'est tout bon à jeter aux équevilles, pas plus !

M. ESSEFIO

Pourtant, je croyais...

GUIGNOL

Vous vous trompettez comme les autres. Nous sons en guerre acque la République, qu'elle ait un bonnet rouge ou rose, pace que, voyez-vous, la poison, c'est toujours de la poison, c'est pas de la changer de fiole que ça la rendra meilleure !

GNAFRON

Et pis, votre République, c'est comme l'O. T. L.,

c'est z'une baraque dans laquelle tout le monde sont fous. Voilà !

M. Essefio (*épouvanté et s'enfuyant*)

C'est assez, n'en jetez plus ! Oh là ! Quelles gens ! Ce sont des enragés !! (*Il disparaît à l'horizon sans laisser de traces.*)

Guignol

T'as vu, ganache, si on l'a fait ensauver !

Gnafron

Un gone que ne parle que de démocratie, que veut l'Internationable, les Etats-Unis d'Urope et céleri et célera, ça pouvait pas s'accorder acque nous !

Guignol

N'empêche qu'avec tout ce baluchon, voilà z'un mami qu'a tout ce qui lui faut pour être béni, rebéni et archibéni, pire que les chiens de Rothschild ! C'est malheureux, tout de même !!

Gnafron

Tandis que nous autres, c'est z'à grands coups de crosse qu'on nous bénit !!

16 novembre 1929.

Muséum politique

Pour tromper le morne ennui d'un triste dimanche d'hiver, Guignol et Gnafron visitent le Musée d'Histoire Naturelle, boulevard des Belges.

GUIGNOL (*s'arrêtant devant une vitrine*)

Arregarde voir dans ce bocal, ce t'espèce de poisson bossu, si on dirait pas franc Briand !

GNAFRON (*se penchant pour voir de plus près*)

Pardine ! C'est lui, soi-même en parsonne naturable, même qu'il a z'encore sa cigarette au bec !

GUIGNOL

Et quoi don qu'y a z'écrit su l'étiquette, lis-y voir !

GNAFRON (*épelant*)

P.o.i. poi s.o.n. son v.i.o. vio l.e.n.t. lent, poison violent !

GUIGNOL

Te dois te tromper, ganache, nous sons pas chez un pharmacien ! C'est poisson volant qu'y a z'écrit.

GNAFRON (*se penchant et regardant de plus près*)

Capturé dans la Loire, à Nantes, ne peut pas vivre dans le Rhin ! (*Se relevant*) Te vois ben que c'est Briand ! Eh ben, poisson volant ou poison violent, c'est z'aussi juste l'un que l'autre, pour ce t'artignol !

GUIGNOL

T'as ben raison, c'est du pareil au même ! Et pis c'est bien lui pisqu'il évacue le Rhin !!!

GNAFRON (*tombant en arrêt devant une autre vitrine*)

Pour ce coup, je connais ce groin-là, mais je peux pas dire son nom !

GUIGNOL

C'est z'une hyène ! Et si te la reconnais, c'est qu'elle donne d'air à Malvy. !

GNAFRON

Ça z'y est, c'est ça ! C'est Malvy, acque sa gueule à déterrer les morts pour les délavorer tout vivants ! Ben, c'est un fameux coup de fusil !

GUIGNOL (*lisant l'étiquette*)

Hyène tachetée, tuée à Vincennes !

GNAFRON

Ce coup-là, c'est sûr enfin, on a fini par où on aurait dû commencer. C'est pas rien trop tôt qu'on soye débarrassé de cette sale bête !

GUIGNOL (*s'esclaffant*)

Oh ! çui-là, pas besoin de lire l'étiquette, c'est ce t'imb'cile d'Uhry, l'essefio à queue prenante ; il a le poil rouge, on dirait franc un diable !

GNAFRON

C'est pas le plus vilain, vois don çui d'à côté, ce grand singe qu'ouvre une gueule qu'on dirait censément les voûtes de Perrache ! Il a du poil par les bras et les jambes, et les dents dans tous les sens, quoi don que c'est ?

GUIGNOL (*lisant*)

Singe huant, dit gorille de Torrès ! J'y suis, c'est ce gone qui hurle tant que toute la jugeasserie est devenue sourde d'un coup ! C'est z'un monstre épouvantable, même empaillé, ça me retourne de le regarder !

GNAFRON

Des bêtes comme ça, c'est bon qu'à effrayer le monde!

GUIGNOL (*allant un peu plus loin*)

Ça va mieux, nous velà vers les iziaux, ça repose de voir ça !

GNAFRON (*montrant une espèce de serin avec une seule longue plume au croupion*)

En velà un, pourtant, qu'est pas rien bien beau ! Et pis y n'a qu'une plume dans le darnier ! C'est sûrement z'un oiseau rare !

GUIGNOL

Tu vois bien que c'est z'Herriot ! un serin qu'a une plume, ça peut être que lui, il écrit des bouquins que parsonne ne lisent !

GNAFRON (*lisant l'étiquette*)

Serin champenois, capturé à Lyon, espèce rare.

GUIGNOL

Il a un bec en forme de pipe, y a pas moyen de se tromper. Nous sons calés en histoire naturable ! On devine toutes les bêtes de l'Arche de Noé !

GNAFRON (*allant plus loin*)

Ceux-là, y sont tous dans des cantines, comme des cerises à l'eau-de-vie !

GUIGNOL

C'est de bêtes que sont trop mollasses pour être z'empaillées, elles s'abouseraient et tomberaient z'en bave, c'est de reptiles qu'on appelle, comme qui dirait de sarpents !

GNAFRON (*désignant un bocal*)

Velà un gicle qu'a une sale figure, acque des dents empoisonnées que font comme des crochets, quoi don que c'est ?

GUIGNOL (*lisant*)

Marty, vipère de la Mer Noire, don de l'U. R. S. S.

GNAFRON

C'est le sarpent communisse ! ! Je le reconnais. Intelligent, y serait tarrible ! Heureusement qu'il est bête à faire regret, alors, il est moins dangereux !

GUIGNOL

J'aime mieux le voir trempé dans la gnole qu'à l'abade !!!

GNAFRON

Pour sûr ! Mais, cette fois, Chignol, velà censément la plus sale bête de toute la collection ! Arregarde voir ça !

GUIGNOL (*se penchant sur un bocal contenant un animal biscornu et hideux*)

J'ai jamais rien vu de pareil ! C'est à dégobiller rien que d'y regarder ; vois don, ça n'a ni queue ni tête !

GNAFRON

Et ça a quand même des quinquets, mais y sont bouchés acque de la peau de sausse !

GUIGNOL

Et pis ça a des ireilles d'âne aussi conséquentes qu'un mât de Cocagne, mais elles sont z'aussi bouchées acque une espèce de pâte !!

GNAFRON

Et vois don, ça a trois pattes d'un côté et deusses de l'autre ! Ça doit pas rien être bien commode pour aller à bicyclette !

GUIGNOL

Enfin, c'est z'une saloperie de bête comme jamais on pourrait imaginer, c'est pire que tous les autres insectes qu'on a vus jusqu'à maintenant. Lis don ça qu'y a su l'étiquette, qu'on sache le nom de cette sampille !

GNAFRON (*lisant*)

Démocrate chrétien, capturé dans un sillon, à Bierville, don de M. F. Gay.

GUIGNOL

Eh ben, ça ne m'étonne pas ! Et dire que du depuis querque temps ça pillule par le monde et que ça s'abade de tous les côtés. C'est z'une bête qu'est capable de tout, pace qu'elle est z'aveugle et sourde; t'as beau essayer de l'apprivoiser, de lui faire entendre raison, ah ouatte ! C'est comme si, parlant par respect, on urinait dans un réveille-matin.

GNAFRON

Acque des bêtes comme ça, Chignol, faut pas discutailler, faut taper dessus jusqu'à ce que ça crève, sans ça, vois-tu, ça finirait par délavorer et détruire tout ce que nous aimons et respectons !

7 décembre 1929.

Manifestation communiste

Le 6 mars, jour marqué pour la grrrrande manifestation communiste, Guignol et Gnafron se décident à assister en simples curieux à cette exhibition soviétique.

Guignol (*planté devant l'affiche communiste*)

C'est bien pour aujourd'hui, c'est z'écrit en toutes lettres, aussi faut pas rien manquer cette cavalcade... Viens-tu acque moi, ganache, on ira voir ça !

Gnafron

Manquablement, Chignol, pour une fois que ces z'imb'ciles ont z'une bonne idée, faut pas la rater, y sont z'un peu en retard, le mardi gras est passé, mais ça ne fait rien, faut pas être trop arregardant, pas vrai ?

Guignol

Pardine ! Et comme tu dis, c'est z'une bonne idée, pace qu'enfin, en pleine Foire, ça amusera le monde ; ça remplacera la vraie cavalcade qu'on devrait faire, et les étrangers que sont pas d'ici pourront pas rien s'en retourner chez eusses en disant partout qu'à Lyon nous sons rien que des manque d'ême et qu'on s'ennuie chez nous !

Gnafron

Oui, Chignol, mais où don qu'y passera ce cortège, c'est pas marqué sur l'affiche !

Guignol

Allons d'abord voir en ville, si on ne voit rien, on ira à leur rencontre.

Gnafron

Et si des fois y vont se lantibardanner du côté des Charpennes, quoi don qu'on fera ?

GUIGNOL

Eh ben, on leur z'y courira après, on finira ben par les joindre !

(*Ils se mettent en route et, par le pont Tilsitt, la place Bellecour, ils gagnent la rue de la République, qu'ils suivent jusqu'aux Cordeliers.*)

GNAFRON

Nous vela censément au Grand Bazar et on a encore vu parsonne ! Chignol, si on s'arrêtait dans un café pour les attendre, ça serait plus commode que de couratter par les rues !

GUIGNOL

Jamais de la vie ! Tu es déjà fatigué ? T'as don pas plus de force qu'un vieux d'Albigny ?

GNAFRON

Chignol, je vais te prouver l'incontraire séance tenante, tiens, on va z'aller à leur rencontre jusqu'à Villeurbanne s'il le faut !

(*Par le pont Lafayette, le cours du même nom, le cours Tolstoï, ils gagnent la place de Villeurbanne ; là, ils s'arrêtent et cherchent en vain un rassemblement quelconque.*)

GUIGNOL

Ce coup-là, y doivent pas être loin ! Tiens on dirait qu'on voit une troupe qui s'avance par la rue Jean-Jaurès.

GNAFRON (*regardant*)

Non, Chignol, c'est z'une enterrement que va au cemitière de Cusset !

GUIGNOL

C'est ben vrai ! Ah ben, faut pas se décourager, on va aller aux Charpennes, on est sûr de les rencontrer !

GNAFRON

Chignol, avant d'entreprendre une trotte pareille, on devrait s'arrêter dans un café, mes pieds deviennent gonfles !

GUIGNOL

Mais c'est pas vrai !!! Je te savais pas si potringue que ça, tu peux don pas faire deux pas d'affilée ? On dirait franc un cul de jatte de naissance !

GNAFRON (*piqué*)

Ah ! tu me traites de cul de jatte ! eh ben, te vas voir, allons aux Charpennes, je suis encore bon pour faire ce bout de chemin ! !

(*Par le cours Tolstoï, la rue Flachet et la rue Francis-dé-Pressensé (oh ! ces noms !!) ils arrivent place des Charpennes.*)

GUIGNOL

Ecoute voir, on dirait qu'on entend chanter.

GNAFRON (*écoutant*)

Non Chignol, c'est z'un patti que crie son « niarcho ».

GUIGNOL

C'est z'un peu fort ! Et ces communisses sont pas raisonnables, quand on organise une cavalcade à grand spectacle, on oublie pas de dire où on passera !

GNAFRON

Y sont des fois allés du côté de Miribel ou ben en Russie !

GUIGNOL

Mais non, imb'cile, y sont par là à travers, on finira ben par les trouver !

GNAFRON

Oui, Chignol, mais ce coup là, on a fait assez de kilomètres pour avoir le droit de boire un coup, j'ai la langue que s'arrape après mon corgnolon tant j'ai soif !

GUIGNOL

Mais tu n'es pas tenable ! Un coup c'est tes pieds que sont enfles, un autre coup c'est la langue que s'arrape ! Si tu as toutes les maladies à la fois, vas à l'Hôtel-Dieu, je continuerai ben tout seul à sercher la manifestation communisse.

GNAFRON

Chignol, t'es pas juste ! Emmène moi voir où tu voudras, te verras que je suis pas encore estropié en plein !

GUIGNOL

J'ai idée que ces gones ont dû se rassembler aux Brotteaux, ou ben à la Croix-Rousse, on va y aller, on peut pas les rater ! !

(Par la grande rue des Charpennes, la rue des Emeraudes, ils arrivent devant la gare des Brotteaux au moment de l'arrivée d'un train.)

GNAFRON *(apercevant la foule qui sort de la gare)*

Chignol, t'avais raison, les vela ! Mais y z'ont censément tous des valises, y n'ont pas rien l'air bien russe !

GUIGNOL

Mais, grande bugne, te vois ben que c'est pas z'un cortège ! c'est des voyageurs qu'arrivent de Bellegarde !

GNAFRON

Alors, c'est tout à recommencer ! C'est z'affreux, j'ai une soif qui me carcine le gigier à un point que mes pieds sont sans connaissance !

GUIGNOL

Parions que tu vas encore vouloir t'arrêter dans un café ! ça fait au moins la quatrième fois ! Te dois plus avoir soif !

GNAFRON

C'est la quatrième fois que je t'y propose, mais te m'as toujours rembarré, c'est pas de m'ablager et de me faire courir tout le tour de Lyon que m'enlève la soif, tout à l'incontraire !

GUIGNOL

On a en trop fait maintenant pour reculer, faut aller jusqu'au bout, allons à la Croix-Rousse.

(*Par le cours Vitton, le cours et la place Morand, le pont du même nom, la place Tolozan, la montée Saint-Sébastien, ils arrivent au Gros-Caillou.*)

GNAFRON (*éreinté, essoufflé, pantelant*)

Chignol, si y sont pas sur le boulevard, je tombe mort ! J'ai les doigts de pieds paralysés, les fumerons me rentrent quasiment dans la bredouille, et la soif me dépontèle la gaugne.

GUIGNOL

T'es pas un bon Lyonnais, ganache ! T'es pas seulement capable de faire un petit tour dans la ville sans attraper toutes les épidémies ! Tiens, je vas te laisser là, l'ânier te ramassera demain matin, quant à moi, je vais voir à Vaise si des fois le cortège y passe, on dit Vaise la Rouge, je verrai ben si c'est vrai !!!

GNAFRON (*dans un sursaut*)

Moi, pas un bon Lyonnais ? Eh ben te vas voir, tiens, descendons en Vaise, et par après je te mènerai à Charbonnières ! Te verras, grand pillandre, si je suis pas aussi bon Lyonnais que toi !!

(*Par le boulevard de la Croix-Rousse, le cours des Chartreux et la montée des Esses, ils gagnent le quai de Serin et ensuite par la rue de Paris, la place du même nom.*)

GUIGNOL

Alors, ce coup-là, y a pas un chat ! j'ai beau me tirer les yeux, rien de rien, où don qu'y sont allés ces imb'ciles ? On n'a pas idée de faire des pieds-faillis pareils !

GNAFRON

Je crois qu'y vont z'arriver dans un moment, on pourrait des fois les attendre dans un café ?

GUIGNOL

La, ça recommence ! Tu veux encore boire ! C'est pas possible, t'as z'une incendie dans la bredouille !

GNAFRON

Chignol, c'est pire que ça, je tombe en accordéon, tout me rentre les uns dans les autres, les fumerons dans la bredouille, la bredouille dans l'estôme, l'estôme dans le corgnolon, le corgnolon dans la gaugne et la gaugne dans le coquelichon, y me semble que je me rapetisse, au point que tu pourras m'emporter dans une boîte de tisons !

GUIGNOL

Ça sera rien commode ! mais en attendant, y faut trouver la manifestation, et, pour ça, j'ai idée qu'y faut nous en retourner en ville !

(Par la rue de la Claire, la rue de Bourgogne, la place de la Pyramide, les quais Chauveau, Pierre-Scize et Bondy, ils arrivent devant le Palais de Justice.)

GNAFRON *(d'une voix mourante)*

Chignol ! Chignol ! Pitié pour moi que je suis censément une personne moribonne, je meurs faute de beaujolais, tu diras qu'on m'enterre à Juliénas, sous un cep en pleine vigne, acque cette inscription : « Mort de soif par la faute des communisses ».

GUIGNOL

C'est pas pour dire, mais t'es pas rien bien solide ! comme je veux pas avoir sur la conscience le cadavre d'une ganache, je veux bien rentrer dans un café, tiens, viens dans çui là. *(Ils entrent dans un café de la rue du Palais-de-Justice. Guignol fait servir un pot de Beaujolais que Gnafron absorbe incontinent.)*

GNAFRON

Je reviens sur la terre, j'étais quasiment dans le

royaume des taupes. Chignol, t'as failli me perdre corps et biens sous tes yeux !

GUIGNOL

Heureusement que je connais là recette pour te requinquer ; maintenant que te vela aussi lucide que Lammermoor elle-même, dis-moi voir ça que tu penses de ce commerce ?

GNAFRON

Attends voir, laisse-moi voir boire encore ce canon, j'ai encore un petit bout de comprenette censément paralysée (*il boit*)... là, maintenant, Chignol, je peux te donner mon avis.

D'abord et primo, les communisses sont des attrape-nigauds, y z'annoncent une cavalcade, pis y font relâche, c'est pas des choses de faire, surtout au moment de la foire.

Ensuite et deusio, les communisses, vois-tu, c'est du monde que sont pas si bêtes que z'en ont l'air ; y savent ben qu'en faisant une révolution y ramasseraient de bonnes gaufres dans la bourdifaille; comme y tiennent pas à se faire marpailler le groin, y restent chez eusses !

Par après et troisio, leur affiche raconte rien que des gognandises, et pour la finir y z'auraient dû mettre en place de ce qu'y z'ont mis :

Pour la paix et la tranquillité,

Pour la conservation de notre figure,

Pour l'intégrité de nos fonds de pantalon,

Camarades, tous chacun chez soi, les pieds dans des pantoufles.

Voilà ce qu'y z'auraient dû mettre !!

GUIGNOL

Enfin quoi, en résumé, on peut dire que le Grand Soir n'est pas encore pour demain matin !!!

15 mars 1930.

QUATRIÈME PARTIE

—

Chez les Paiteux

La guerre hors la loi

GUIGNOL

Alors, comme ça, ganache, te veux absolument que je t'accompagne chez la mère Bavozat ?

GNAFRON

Oui, Chignol, pace que ça que je veux lui faire signer, c'est z'ùne affaire conséquente, te comprends, j'en ai t'assez de me faire ablager toute la journée par ce te vieille poison !

GUIGNOL

Quoi don que te veux faire signer à ta concierge ?

GNAFRON

Je veux qu'elle signe acque moi un papier qui mettra la guerre hors la loi, de ce te manière, des fois j'aurai la paix, pas vrai ?

GUIGNOL

Acque une vieille charipe comme la mère Bavozat on sait jamais, te peux toujours essayer quand même !

GNAFRON

Eh ben, allons-y, Chignol, pète qui a peur ! On verra ben !

(*Ils se dirigent vers la loge de la concierge et y font tous les deux une entrée impressionnante*).

GUIGNOL

Bien des salutances, mère Bavozat ! On vient vous dire un petit bonjour en passant, acque mon vieux tami Gnafron.

LA MÈRE BAVOZAT (*méfiante*)

Eh ben entrez, faut pas vous donner peur, c'est ben aimable de votre part !

GNAFRON

Et pis, mâme Bavozat, pour tout dire, je viens en parsonne, soi-même, vous faire z'une proposition.

LA MÈRE BAVOZAT

Ah ! ça ne m'étonne pas de vous, vieux couratier !

GNAFRON

C'est pas ça que vous croyez, mâme Bavozat, à l'incontraire, je viens vous demander de signer acque moi un bout de papier par lequel nous renoncerons tous les deusses à nous faire de misères. Nous mettrons la guerre hors la loi, quoi !

GUIGNOL

Ça se fait beaucoup aujourd'hui, mère Bavozat, ça arrête franc toutes les disputes, batteries, tiripillages et céleri et célera, c'est pire que l'anticor Breland !

LA MÈRE BAVOZAT

C'est un machin comme ça que les Américains viennent de signer ? Moi, vous savez, je veux bien, je tiens pas à avoir des raisons à cha journée acque mes locataires !

GNAFRON

Allons, bien pensé, mâme Bavozat, moi non plus je tiens pas à me tiripiller acque vous, on va signer tous les deusses et pis, par après, on pourra plus s'ablager, on va être censément comme deux jeunes mariés !

LA MÈRE BAVOZAT

Oh ! j'en demande pas tant ! Enfin, on verra ben ça que ça fera. Donnez-moi votre papier que je signe !

GUIGNOL

Voilà un événement historique ! C'est la fin de la guerre de cent ans ! Je suis témoin que vous signez tous les deusses l'engagement de plus vous batailler, le premier que manque à sa parole, on l'envoie à Genève, y s'expliquera sur son cas acque les gones de la Société des Nations !

GNAFRON

Et y sera fusillé à l'eau chaude !... Allons, à moi de signer maintenant (*il signe*). Tenez, j'y ai fait un patarafe qui fait censément le tour de lâ page; acque un machin comme ça, y a plus moyen de se dédire !

LA MÈRE BAVOZAT

Alors, maintenant, vous ferez plus de misères à mon miron, le pauvre ange ! Dire que vous lui jetiez après de vraies avales d'eau !

GNAFRON

Votre miron, mère Bavozat, c'est z'une sale bête que prend mon paillasson pour ses écommuns ! C'est pour ça que je lui jetais des siaux d'eau après.

LA MÈRE BAVOZAT (*indignée*)

Mon miron, une sale bête! le pauvre chou à sa mémère, la pauvre zizi! Un miron angoulas de première qualité, le traiter ainsi! C'est t'honteux. C'est vous, père Gnafron qu'êtes une sale bête, grand pas rien!

GNAFRON

Mâme Bavozat, prenez garde ! Si vous m'interprètez, moi je vas vous dire que vous êtes une vieille poison et que votre miron, si y revient faire ses écommuns chez moi, je le mets benouiller dans mon benot acque les vieilles grolles !

GUIGNOL

Allons, allons, vous sigognez pas comme ça. Et la signature alors, quoi don que vous en faites ?

LA MÈRE BAVOZAT

La signature, ça m'est z'égal; si ce grand gallavard touche à mon miron, je lui casse mon balai su le cottivet !

GNAFRON

Voyez-vous ce te vieille cancorne que veut me faire peur acque son balai !... Allez don vous peigner, espèce de poutrône ! !

LA MÈRE BAVOZAT (*hors d'elle*)

Y m'a z'appelée poutrône! Attendez, pillandres que vous êtes tous les deusses, tas de marque-mal que viennent chez le monde pour les insurter, leur faire signer des bouts de papier pour les gandoiser par après, attendez, traîne-grolles, je vas vous signer un autre papier acque mon balai ! (*elle prend son balai d'un air menaçant*).

GUIGNOL

Ensauvons-nous, ganache ! Ce te vieille charipe serait ben capable de nous détrancaner le coquelichon ! (*ils s'enfuient*). (*Une fois dehors*).

GNAFRON

Eh ben, quoi que t'en dis de tout ça? On aurait des fois mieux fait d'emmener ce te vieille catolle à Locarno par avant, ça aurait des fois mieux réussi ! C'était pas rien la peine de mettre la guerre hors la loi ! On est plus pire qu'avant !

GUIGNOL

Pardine! c'est forcé et te feras bien de te méfier, pace que ce te vieille poison est méchante comme un derne, elle est bien capable de te faire abouser par les escayers, au risque de te déponteler la rondelle du genou !

GNAFRON

Maintenant, Chignol, je vas faire attention pire que jamais, et pour commencer, je vas préparer une bonne trique, c'est encore le meilleur moyen de mettre la guerre hors la loi.

16 septembre 1928.

Ratification

GNAFRON

Chignol, je suis dans de z'embiernes conséquentes, je sais, censément plus comment en sortir.

GUIGNOL

Je sais pas comment tu t'arranges mais tu es toujours dans les embringues, quoi don qui t'es encore arrivé ?

GNAFRON

C'est rapport a me n'incendie, te sais qu'y a eu le feu chez moi, et ben, ça m'a mis dans des dûs épouvantables !

GUIGNOL

Comment ça ? ça n'a pourtant pas été grand'chose, queques drouilles de brûlées, c'est pas rien une castapostroque !

GNAFRON

Oh, c'est pas ça qui a brûlé que me bouligue, c'est les dûs ; te sais, Chignol, qu'y a pas d'eau chez moi, je m'en sers pas, alors quand le feu a pris su ma suspente, les voisins m'ont donné la main pour y éteindre, chacun apportait de l'eau dans ça qu'y trouvait, bref y a pas eu besoin des pompiers, y z'ont fait l'ouvrage tout seuls, les pillandres, y z'ont tout benouillé mes affaires !

GUIGNOL

Eh ben, je vois pas comment que ça t'a mis dans les dûs, si tes affaires étaient gabouillées, t'avais qu'à les faire sécher, ganache !

GNAFRON

C'est ben ce que j'ai fait, mais les gones que m'avaient z'aidé à éteindre l'incendie me réclament des sous, ça se monte à 7.670 francs 80 !

GUIGNOL (*épouvanté*)

Comment que tu dis ? Sept mille six cent septante francs quatre vingt centimes ? C'est pas possible, c'est z'un miracle !

GNAFRON

Pour sûr, c'est z'incroyable et j'en suis resté pétrufié ; comme j'étais incrédule, y m'ont donné le détail, c'est z'affreux !

GUIGNOL

Pour ce prix-là, y z'ont dû éteindre te n'incendie acque du champagne à cha cent francs la bouteille comme dans les dancinges !

GNAFRON

Non Chignol, y z'y ont bien éteint acque de l'eau du robinet et tous ses microbes, mais ça leur z'y a censément dépontelé leurs affaires; tiens, y en a un qui dit qu'il a crevé son arrosoir et qu'y faut le faire rétamer !

GUIGNOL

Eh ben, ça coûte pas des mille et des cents, y n'a qu'à aller trouver le magnaud !

GNAFRON

Y a pas que ça ; un autre prétend que ça lui z'y a si tellement bassouillé les pieds, qu'il a pris un chaud et froid que lui est tombé su la poitrine, qu'il est devenu censément poitrinaire et qu'y faut qu'il aille dans un sénatorium à Nice !!

GUIGNOL

Ben, ganache, te vela joli !

GNAFRON

C'est pas le plus pire, y en a un autre que dit qu'une goutte d'eau lui a sauté dans la bouche quant il a écafoiré son siau d'eau, et que ça lui z'a donné la tryphoïde, qu'il est resté trois mois potringue dans son pucier sans pouvoir remuer ni pied ni patte et que je lui dois tout ça qu'y gagnait en trois mois !

GUIGNOL

Et quoi don qu'y fabrique, ce t'imb'cile ?

GNAFRON

Il est marchand-foireux, comme on dit, y vend de béatilles dans les vogues, y gagne gros d'argents.

GUIGNOL

Et ça fait plus de sept mille francs, tout ça ?

GNAFRON

Pardine ! y en a d'autres moins conséquents qui réclament, les uns un paire de pantoufles, les autres des affaires dépontelées, et celeri et celera !

GUIGNOL

Mais te peux pas payer une somme pareille, ganache! où don que tu prendras les sous ?

GNAFRON

Oh, y sont de bon command ! Y disent comme ça qu'y z'attendront, et qu'en leur z'y donnant quarante sous par mois, tout le monde seront contents !

GUIGNOL

T'as calculé ça que ça fesait 7.670 fr. 80 à cha quarante sous par mois ?

GNAFRON

Oui, j'ai divisé 7.670,80 par quarante, mais...

GUIGNOL (*l'interrompant*)

Mais c'est pas comme ça que fallait faire, grande

bugne, tiens, donne-moi un bout de papier, je vas t'y faire ! (*Gnafron lui donne un bout de papier et un crayon*). Y faut d'abord diviser 7.670 fr. 80 par 2 fr. pour voir combien ça fait de mois que t'auras à verser.

GNAFRON

C'est pas des mois qu'y faut que je verse, c'est de z'argent !

GUIGNOL

Tais-toi don, imb'cile, te sais pas ce que te bajafles... je continue ; ça fait 3.820 et un rompu..., maintenant, y a qu'à diviser 3.820,40 par douze pour voir combien que ça fera d'années.

GNAFRON

Si tu divises tout, Chignol, jamais y en aura z'assez pour tous ces avanglés !

GUIGNOL

Dis don rien, ganache, te m'embrouilles, te comprends rien à la chiffre; je disais donc 3.820,40, divisés par douze, ça fait 318 ans et un rompu! Tu devras verser quarante sous par mois pendant 318 ans et un rompu !!! Te vois ben, ganache, que te peux pas y arriver, y faut pas ratifier cette dette estupide, sans ça, te seras embringué pour le restant de tes jours !

GNAFRON

Ben oui, mais si je ratifie pas, comme tu dis, vela de z'imb'ciles que vont m'attirer des bicêtres attenant ! et y me mettront à l'abri du bien-être pour le restant de mes jours, Chignol, t'y penses pas !

GUIGNOL

Et si tu ratifies, panosse, te vela z'obligé de leur z'y donner quarante sous par mois pendant 318 ans et un rompu, comment que tu feras quand y seront morts ?

GNAFRON

C'est ben vrai, ça que tu dis, Chignol, sans compter que ça me force à vivre censément aussi longtemps que Mathieusalé... Alors, c'est dit, je ratifie pas ce te dette !

GUIGNOL

Ratifie rien du tout, envoie-les dinguer, ces gones, c'est pas rien toi qui leur z'y a demandé de te donner la main, y sont ben venus tout seuls, pas vrai? Alors quoi don qu'y viennent réclamer? C'est bon pour la République de nous mettre tous dans la main des Américains jusqu'à la saint Perpette, mais toi, ganache, fais pas un pied-failli pareil, ratifie pas ! ! !

23 juin 1929.

Paitomanie

GUIGNOL (*abordant Gnafron dans la rue*)

Ah te vela, ganache ! te tombes bien, je suis a cra, je viens de batailler acque un imb'cile que m'a lâché de gognandises à tuer un âne comme toi, j'étais censément sur le point de lui taper sur le coquelichon !

GNAFRON

Chignol, t'as tort de te bouliguer comme ça pour un imb'cile paceque du monde comme ça, y en a plein les rues ; mais parions que t'as discuté acque ton regrettier ?

GUIGNOL

C'est bien pire, c'est z'avec un paitomane que j'ai bataillé !

GNAFRON

Toi z'aussi t'as rencontré un paiteux ? C'est du monde que sont estupides, mais qui don que c'est, c'est-y querqu'un du quartier ?

GUIGNOL

Bien sûr et tu le connais, c'est ce grand cognemou de père Tremblotant !

GNAFRON

L'espicier de la rue Saint-Georges ? ça m'étonne pas qu'y soye paiteux à n'en plus finir, il est si tellement bête que je me sers plus chez lui, y dégoûte toutes les bêtes du Créateur !

GUIGNOL

Ce te grande bugne m'a tenu des raisonnements a faire cuire les yeux, c'est z'un paiteux déchaîné, si tellement idiot qu'on devrait lui z'y mettre une muselière !

GNAFRON

Quoi don qu'y te disait, ce t'artignol ?

GUIGNOL

Y prétendait que pour avoir la paix y fallait faire n'importe quoi ! toute la totalité et le reste !

GNAFRON

Pardine, c'est sûr ! personne ne veut la guerre, à Lyon et z'en France, y perdait sa salive, ce gone !

GUIGNOL

C'est ben ce que je lui ai dit, mais y prétendait que nous sons des batailleurs, que nous voulons attaquer tout le monde.

GNAFRON

Mais c'est pas vrai ! En voilà des gognandises ; alors quoi don que tu lui as dit ?

GUIGNOL

Je lui ai dit que nous voulions attaquer personne, que nous avions la guerre en horreur autant que lui, mais que, si on nous attaquait, nous ne pouvions tout de même pas laisser venir l'ennemi jusque chez nous, déponteler nos affaires et tout détrancaner !

GNAFRON

Bravo! Eh ben, ton imb'cile a plus su quoi dire?

GUIGNOL

Lui ? Ah ben, tu le connais pas ! Y m'a rebriqué que même si on venait chez lui, dans sa chambre, on devait pas se défendre, y fallait tout laisser faire !

GNAFRON

Il a dit ça!! Il a osé dire une affaire pareille! Ah ! le pas rien ! Ah ! le grand caquenano !... Mais j'ai z'une idée, Chignol, allons le trouver dans son masa-

guin, je t'espliquerai ça qu'on va faire en route !...
(*Ils se dirigent vers la boutique du nommé Tremblotant, silloniste-épicier à Saint-Georges.*)

GUIGNOL
(*achevant d'écouter les explications de Gnafron.*)

C'est z'entendu ! Ça sera une bonne attrape ; maintenant que nous vela z'arrivés, tâchons moyen de ne pas nous tromper. (*Ils entrent dans l'épicerie.*)

GUIGNOL

Nous revela tous les deusses, Mecieu Tremblotant, on rentre en passant, histoire de passer en rentrant, quoi !

M. TREMBLOTANT

Bien pensé, Messieurs, faites votre choix.

GNAFRON (*puisant dans une boîte de biscuits petit-beurre et les mangeant à mesure*)

Eh bien, si ça vous fait rien, je commence par vos petits lulus, ça m'ouvrira l'appétit !

GUIGNOL (*mangeant des olives prises dans le baquet*)

Et moi, je goûte vos olives, ça me décidera petêtre à manger vos pruneaux t'a l'heure !

M. TREMBLOTANT (*à Gnafron qui mange toujours*)

Faut-il vous en mettre une livre, Mecieu Gnafron, vous avez l'air de les aimer !

GNAFRON (*la bouche pleine*)

Vous donnez pas peine pour moi, Mecieu Tremblotant, encore une dizaine de lulus et je passe aux olives !

GUIGNOL (*mangeant des pruneaux*)

Moi, j'ai fini les olives pour le mement, je vas essayer les pruneaux !

M. TREMBLOTANT (*à Guignol*)

Faut-il vous en mettre une livre ?

GNAFRON

Vous voulez mettre des livres partout, c'est pire qu'une bibliothèque ; laissez-nous don manger, on verra ben après !

GUIGNOL (*la bouche pleine*)

C'est vrai, y nous coupe l'appétit, ce t'artignol !

M. TREMBLOTANT (*commençant à se fâcher*)

Mais, dites don, vous deusses, vous pitrognez toute ma marchandise, vous en mangez attenant et vous ne voulez rien acheter ? C'est un peu fort !

GNAFRON (*se bourrant d'olives*)

Mecieu Tremblotant, Chignol vous a fait la commande, et tout ce qu'on vous demande, c'est de nous ficher la paix, vous qui en avez à regonfle et que l'aimez tant !

M. TREMBLOTANT

Je ne vous ficherai pas la paix, et tout ce que je puis vous ficher, c'est mon pied dans le derrière, si vous continuez à envahir et piller mon magasin !

GUIGNOL (*à Gnafron*)

Dis don, ganache, t'as z'entendu ? Y veut nous ficher son pied dans le darnier ; pour un paiteux, ça sent la bataille, pas vrai ?

GNAFRON (*pillant des abricots secs*)

C'est z'un peu chanin, mais ça fait glisser les lulus. (*A Guignol*) Te donnes pas peur, Chignol, c'est pas ce grand cognemou que veut nous botter le darnier.

M. TREMBLOTANT (*furieux*)

Et si j'appelais les urbains, tas de pillerauds que vous êtes, y se chargeraient ben de vous sortir !!

GUIGNOL

Vous ! Mecieu Tremblotant, appeler la force armée pour repousser une invasion ? Vous n'y pensez pas ! Vous m'avez dit, pas plus tard que ce matin, qu'il fallait la paix à tout prix et que, même envahi, vous refuseriez de vous battre, même si on entrait dans votre chambre !

GNAFRON

Justement, j'ai besoin d'y aller dans votre chambre, Mecieu Tremblotant ; je sais pas si c'est les pruneaux, les petits lulus ou ben les olives, mais j'ai la bredouille que gasse, ça me tortille dans les bôyes qu'on dirait que j'ai censément envie de dégobiller, montrez-moi vite votre chambre, j'irai m'étendre sur votre pucier, ça me requinquera !

M. TREMBLOTANT (*au comble de la fureur*)

Tas de sampilles, ça mange toute ma marchandise, ça petafine ce que ça ne mange pas, et par après ça veut aller dégobiller dans ma chambre... Hors d'ici, gallavards, traîne grolles, bras neufs!!

GUIGNOL (*achevant une tablette de chocolat*)

Gueulez pas si fort, Mecieu Tremblotant, et laissez-moi vous dire que vous êtes pas un vrai paiteux ; vous voulez la paix à tout prix. Comment ? Vous dites que ça ne vous ferait rien que les Prussiens envahissent la France et prennent vos affaires, et vous gueulez comme un phonographe, pace que deux gones du quartier s'installent un petit mement dans votre masaguin pour manger des bons!! Vrai, vous êtes pas raisonnable !!

GNAFRON

Discute pas tant acque ce t'imb'cile, Chignol, c'est z'un faux paiteux, et les faux sont encore plus dégoûtants que les vrais. Allons-nous-en, Chignol, et vous, père Tremblotant, faites pas de siccoti, la leçon qu'on vient de vous donner vaut bien querques livres de vos petits lulus !

(*Ils sortent dignement.*)

7 septembre 1929.

Désarmement intégral

En passant rue Saint-Georges, Guignol et Gnafron aperçoivent un attroupement devant une maison ; ils jouent des coudes et arrivent au premier rang des badauds.

GUIGNOL (*interrogeant sa voisine*)

Dites don, Mâme Chibreli, quoi don qu'y a que le monde se sont ramassés devant cette maison, c'est-y z'une incendie ?

GNAFRON

C'est juste là que reste le père Essefio, cet imb'cile, c'est-y chez lui qu'y a eu une castapostroque ?

LA MÈRE CHIBRELI

Justement, chez lui, tenez, vela qu'on le descend dans un charri ! (*On emmène le père Essefio qui a la figure enflée, méconnaissable.*)

GUIGNOL

Oh ! il est tout enfle ! Quoi don qu'il a pu z'avaler ?

GNAFRON

Il a des fois pris des pommes de terre en salade, y a rien que soye bourratif comme ça !

LA MÈRE CHIBRELI

Mais non ! Vous savez don pas ? Il a été délavoré par les bardanes !

GUIGNOL

Par les bardanes ! C'est pas Dieu possible ! Il en avait don une bourdifaille ?

GNAFRON

S'il avait fait comme moi, ça lui serait pas arrivé ; je les marpaille, les emboconne attenant acque des drogues ; dernièrement, je les ai censément toutes électucrottées acque de la Gasparrine, une drogue que ferait crever le cheval de bronze, s'il en buvait !

LA MÈRE CHIBRELI

Eh ben, lui, c'est tout l'incontraire. Figurez-vous que, cet été, il a jeté toutes ses drogues, tout son fumant, toutes ses ratières, en disant comme ça qu'y fallait désarmer, que la guerre était abominable, et céleri et célera !

GUIGNOL

Je le savais complètement idiot, ce pauvre Essefio, mais je le croyais, quand même, pas benoni à ce point!

GNAFRON

Le père Essefio est un paiteux, te sais ben, c'est pour ça qu'il a, sans doute, voulu faire, acque les bêtes, comme les socialistes acque les Prussiens !

LA MÈRE CHIBRELI

Voui, c'était un pacifique, un paitomane ou paitophile, enfin querque chose comme ça, des fois y déparlait, tellement y voulait la paix, y voulait même boire qu'à la bouteille ! Parce que, disait-il, y voulait pas prendre un canon !

GUIGNOL

En attendant, le vela censément dépontelé. Où don qu'on le mène ?

LA MÈRE CHIBRELI

A l'Institut Pasteur, pace qu'y avait, dans le nombre, des bardanes enragées !

GNAFRON

Enfin, racontez-nous voir ça qui lui z'est arrivé en fin finable, parce que, chez moi, y a de bardanes, c'est sûr, mais enfin, pas au point de défigurer le monde !

La Mère Chibreli

Voilà comment c'est z'arrivé. Je suis été bien au courant de toute l'affaire, parce que le père Essefio était de confiance acque moi. Vela qu'un beau jour, comme je me trouvais chez lui, y me dit tout à coup : « Eurrière les ratières, eurrière le soufre, eurrière l'insecticide ! Il faut que la Paix règne sur la terre ! ». Et en disant ça, le velà que jette ses ratières au feu, et son insecticide aux équevilles !

Guignol

Fallait le prendre par la douceur, Mâme Chibreli, et le mener franc à Saint-Jean-de-Dieu !

La Mère Chibreli

Pauvre homme ! Ça aurait mieux valu pour lui ! Enfin, je continue ! Le velà don, après avoir tout jeté ses affaires, qu'y se met à me dire des tas de choses sur la Paix, sur les mères souris que pleurent quand leurs souriceaux sont pris dans la ratière, sur les mamans cafards, les grand'mères bardanes ! Enfin, un vrai sermon de carême !!

Gnafron

Fallait pas le contredire, Mâme Chibreli, on dit que ça les rend furieux et qui prennent une crise de rhum trop mince !

La Mère Chibreli

C'est ben ça que j'ai fait, je lui ai dit : « Allons, bien pensé ! » et je m'en suis revenue chez moi !

Guignol

Et alors, quoi don qui est z'arrivé par après ?

La Mère Chibreli

Des choses affreuses !! D'abord, les cafards sont devenus si tellement nombreux et démenets qu'y lui mangeaient toutes ses provisions ; le pauvre homme abondait pas de retourner en sercher, mais les sales bêtes l'attendaient darnier la porte et lui sautaient dessus dès qu'il avait ouvert !!

GNAFRON

C'était censément des bêtes de l'apiscalospe !!

LA MÈRE CHIBRELI

Bien pire ! Pis une fois au lit, les bardanes le sigognaient attenant, y en avait des mille et des centaines de milliards après lui ! Des fois, elles le jetaient à bas de son pucier pour le piquer plus à leur aise !!!

GUIGNOL

Elles l'auraient délavoré à cha peu, ce t'imb'cile !!

LA MÈRE CHIBRELI

Pendant ce temps, les rats lui dessampillaient ses affaires, y z'ont mangé jusqu'à la laine du matelas ! Et, parlant par respect, y lui auraient mangé les fesses,

GNAFRON

Comment don qu'on s'est z'aperçu de ce carnage ?

LA MÈRE CHIBRELI

C'est les voisins ! Y z'entendaient toute la sainte nuit un vrai remue-ménage chez le père Essefio, qu'on aurait dit censément qu'y fesait la vogue chez lui ; alors, ce matin, on est allé voir et on l'a trouvé tout gonfle su son pucier, acque un matelas plein de rats, ses affaires toutes mangées des z'artes et des cafards qui s'occupaient à démolir le fourneau pour tromper leur faim !!!

GUIGNOL

Velà ce que c'est que désarmer le premier ! On se fait délavorer sans pouvoir se défendre ! Allons, bien des mercis, Mâme Chibreli, votre histoire nous la émouvés, nous allons prendre un verre pour nous remettre !

LA MÈRE CHIBRELI (*s'en allant*)

Allons, bien pensé, Messieurs, à la revoyûre !

GNAFRON

Quoi don que tu penses de cette aventure estupide?

GUIGNOL

Je pense que Briand est en train de faire pour la France comme le père Essefio pour lui-même, et si on prend pas garde, on se fera délavorer un de ces quatre matins !

GNAFRON

Et ça sera par des bardanes qu'auront un casque en acier, que s'appelleront Fritz et auront un plein cabas de grenades !

30 novembre 1929.

FIN

DESACIDIFIE

TABLE DES MATIERES

Achevé d'imprimer le 28 Juin 1930 sur les presses de l'Imprimerie Mac, 104, av. Berthelot.

www.ingramcontent.com/pod-product-compliance
Lightning Source LLC
LaVergne TN
LVHW020021170826
845678LV00001B/72

* 9 7 8 2 3 2 9 7 8 7 2 8 2 *